Bibliografische Information der Deutschen Nationalbibliothek:

Die Deutsche Bibliothek verzeichnet diese Publikation in der Deutschen National-bibliografie; detaillierte bibliografische Daten sind im Internet über http://dnb.d-nb.de/ abrufbar.

Impressum:

Copyright © 2016 GRIN Verlag, Open Publishing GmbH
Druck und Bindung: Books on Demand GmbH, Norderstedt Germany
ISBN: 9783668600805

Dieses Buch bei GRIN:

https://www.grin.com/document/385414

Mansur Arslan

IT-Sicherheit mit einem SIEM-System

GRIN Verlag

GRIN - Your knowledge has value

Der GRIN Verlag publiziert seit 1998 wissenschaftliche Arbeiten von Studenten, Hochschullehrern und anderen Akademikern als eBook und gedrucktes Buch. Die Verlagswebsite www.grin.com ist die ideale Plattform zur Veröffentlichung von Hausarbeiten, Abschlussarbeiten, wissenschaftlichen Aufsätzen, Dissertationen und Fachbüchern.

Besuchen Sie uns im Internet:

http://www.grin.com/

http://www.facebook.com/grincom

http://www.twitter.com/grin_com

Technology

Arts Sciences

TH Köln

Verbundstudiengang Wirtschaftsinformatik

Abschlussarbeit

zur Erlangung

des Bachelorgrades

in der Fachrichtung Wirtschaftsinformatik

IT-Sicherheit mit einem SIEM-System

vorgelegt am   25.05.2016

von cand.   Mansur Arslan

Inhaltsverzeichnis

Abbildungsverzeichnis

Tabellenverzeichnis

Abkürzungsverzeichnis

1 Einleitung

Nach einer Studie, die im Jahr 2011 durch das Bundesamt für Sicherheit in der Informationstechnik (kurz BSI) und dem Unternehmen secunet Security Networks AG durchgeführt wurde, gaben 60 % der befragten Manager und über 50 % der IT-Abteilungsleiter an, dass die Bedeutung der IT-Sicherheit in Zukunft steigen werde (siehe nächste Abbildung).

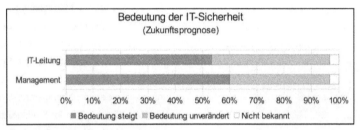

Abbildung 1: Zukünftige Bedeutung der IT-Sicherheit[1]

In einer weiteren Studie des BSI aus dem Jahr 2015 wird ersichtlich, dass sich die Schwachstellen im Jahr 2015 gegenüber dem Jahr 2014 stark erhöht haben (siehe Abbildung 2). Diese Sicherheitslücken werden von Hackern ausgenutzt, um in Unternehmensnetzwerke einzudringen. Diese Daten verdeutlichen, dass von Jahr zu Jahr die Gefahr für Unternehmen, Opfer eines Hackerangriffs zu werden, kontinuierlich steigt.

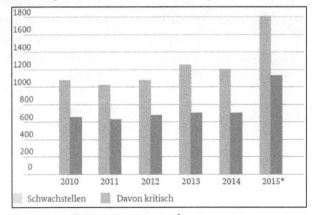

Abbildung 2: Anzahl Schwachstellen 2015 nach BSI[2]

---

[1] BSI, Studie zur IT-Sicherheit in KMU 2011, S. 29
[2] BSI, Die Lage der IT-Sicherheit in Deutschland 2015, S. 10

Angriffe auf IT-Anwendung oder IT-System erfolgen über das Internet oder das Intranet. Um die IT-Infrastruktur besser zu schützen, muss ein Unternehmen in der Lage sein, alle relevanten IT-Systeme, die für eine Überwachung und Kontrolle in Frage kommen, zu bestimmen. Im zweiten Schritt müssen die Informationen, die durch diese Systeme erzeugt werden, gesammelt und analysiert werden. Welche IT-Anwendungen und IT-Systeme beachtet werden sollten, wird in dieser Ausarbeitung erläutert.

1.1 Zielsetzung

Das Ziel dieser Ausarbeitung ist es, eine Methodik für die Sicherheitsanalyse von IT-Infrastrukturen zu entwickeln. Die Analyse soll mittels Loginformationen aus IT-Anwendungen und IT-Systemen erfolgen. Für die Auswertung und Sammlung dieser Daten soll ein Security Information and Event Management (kurz SIEM) System genutzt werden.

Abbildung 3 verdeutlicht die Schritte, die für eine Aufnahme in ein SIEM-System notwendig sind. Der Abschluss einer Phase liefert ein Ergebnis, welches in der darauffolgenden Phase genutzt wird.

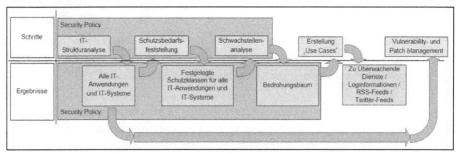

Abbildung 3: Vorgehensmodell

Als Erstes erfolgt die IT-Strukturanalyse, die als Ergebnis alle IT-Anwendungen und IT-Systeme eines Unternehmens dokumentiert. Diese Systeme werden für die Schutzbedarfsfeststellung benötigt. In dieser Phase werden den Systemen die Schutzbedarfsklassen zugewiesen. Diese Klassen bestehen aus vier Stufen; für die Erstellung der Use Cases werden nur die IT-Anwendungen und IT-Systeme mit den Klassen „hoch" und „sehr hoch" berücksichtigt. Am Schluss dieses Prozesses werden die Use Cases anhand der IT Security Policy aufgebaut. Des Weiteren werden die relevanten Systeme aus den Anwendungsfällen in der letzten Phase durch das Vulnerability- und Patch-Management in regelmäßigen Abständen auf Schwachstellen überprüft.

Abbildung 4 zeigt die Daten, die im SIEM-System aufgenommen und für die Analyse verwendet werden. Hierbei handelt es sich um die zu überwachenden Dienste, Loginformationen, RSS- und Twitter-Feeds. Zusätzlich werden die ermittelten Informationen aus dem Vulnerability- und Patch-Management im SIEM-System aufgenommen und analysiert.

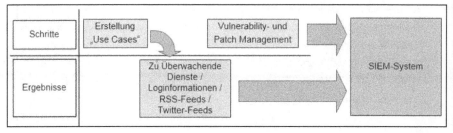

Abbildung 4: Aufnahme ins SIEM-System

Des Weiteren wird eine allgemeine Übersicht über das Thema IT-Sicherheit gegeben. Es soll eine Möglichkeit aufgezeigt werden, wie eine Grundabsicherung der IT-Infrastruktur erfolgen kann. Hierbei steht die automatische Verarbeitung mittels des SIEM-Systems im Mittelpunkt. Zu Darstellungszwecken wird als SIEM-System die Anwendung Splunk verwendet.

Mit den gesammelten Informationen werden Anwendungsfälle für bestimmte Angriffsszenarien erstellt und die zu überwachenden Komponenten näher erläutert.

1.2 Gliederung der Arbeit

Am Anfang dieser Ausarbeitung soll eine Übersicht der vorhandenen Standards in der Informationstechnologie aufgezeigt werden. Hierbei geht es um die Standards der 27000-Reihe der International Organization for Standardization (kurz ISO).

Damit ein ständiger Verbesserungsprozess mit in die weiteren Überlegungen einfließen kann, wird im nächsten Schritt das Plan-Do-Check-Act Modell besprochen. Für das weitere Vorgehen werden die Themen IT-Strukturanalyse, Schutzbedarfsfeststellung und die Schwachstellenanalyse näher erläutert. Die unterschiedlichen Überwachungs- und Kontrollmöglichkeiten mittels der Informationstechnologie werden in Kapitel 5 näher betrachtet und die Unterschiede dieser Systeme dargestellt.

Kapitel 6 beschäftigt sich mit dem eigentlichen Splunk-Konzept und den vorhandenen Möglichkeiten. Die meisten SIEM-Systeme sind in vielen Funktionalitäten miteinander vergleichbar. Diese Arbeit beschränkt sich auf Splunk, wobei die Konzepte aus allen anderen Kapiteln auch auf andere SIEM-Systeme angewendet werden können. Die gesammelten Informationen aus dem Kapitel IT-Strukturanalyse fließen in dieses Kapitel mit ein.

In meiner Ausarbeitung „Datenquellen für ein SIEM-System" wurden die Datenquellen aufgezeigt, die für eine Analyse in Frage kommen können. Zusätzlich zu diesen Quellen werden einige Weitere in diesem Abschnitt näher betrachtet.

In Kapitel 7 werden die Möglichkeiten erläutert, mit deren Hilfe Sicherheitslücken in IT-Infrastrukturen lokalisiert werden können. Die Lokalisierung wird mittels weiterer IT-Anwendungen durchgeführt. Eine ausführlichere Beschreibung dieser Anwendungen ist nicht Teil dieser Arbeit.

Am Ende dieser Ausarbeitung werden Anwendungsfälle für IT-Sicherheitsvorfälle erstellt. Mittels Bedrohungsbäumen werden potenzielle Angriffsmöglichkeiten aufgezeigt und die hierdurch resultierenden Kontroll- und Überwachungsrichtlinien erstellt.

2 International Organization for Standardization

„Die International Organization for Standardization (ISO) ist ein Netz nationaler Standardisierungsinstitute. In ihr sind mehr als 160 Länder vertreten, jedes durch ein Mitglied. Das Zentralsekretariat der ISO hat seinen Sitz in Genf in der Schweiz und koordiniert das Gesamtsystem."[3]

Im deutschsprachigen Raum ist der IT-Grundschutz des BSI weit verbreitet. Dieser Grundschutz ist nach der ISO 27000-Reihe ausgerichtet und soll Unternehmen bei der Frage „Wie kann ich, wo und mit welchen Mitteln, mehr Sicherheit erreichen?" unterstützen. Die IT-Grundschutz-Webseiten stellen Hilfsmittel, wie z. B. Baustein- und Maßnahmenkataloge, für Unternehmen bereit, mit deren Hilfe sie den Anforderungen der ISO-Standards gerecht werden können.

„Ein weiteres Ziel des IT-Grundschutzes ist es, den Aufwand im Informationssicherheitsprozess zu reduzieren, indem bekannte Vorgehensweisen zur Verbesserung der Informationssicherheit gebündelt und zur Wiederverwendung angeboten werden."[4]

Abbildung 5 stellt eine Übersicht der ISO 27000-Reihe dar.

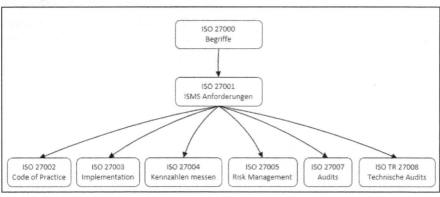

Abbildung 5: ISO-Standards[5]

---

[3] Müller, IT-Sicherheit mit System 2014, S. 609

[4] Vgl. BSI, Leitfaden Informationssicherheit 2012, S. 65

[5] Vgl. Kersten, Reuter und Schröder, IT-Sicherheitsmanagement nach ISO 27001 und Grundschutz 2013, S. 14

- ISO 27000 – Begriffe

  „Dieser Standard gibt einen allgemeinen Überblick über Managementsysteme für Informationssicherheit (ISMS) und über die Zusammenhänge der verschiedenen Standards der ISO-2700x-Familie. Hier finden sich außerdem die grundlegenden Prinzipien, Konzepte, Begriffe und Definitionen für ISMS."[6] □

  ISMS steht für „Information Security Management System". Die Voraussetzung für ein ISMS ist das PDCA-Prozessmodell, mit dessen Hilfe dieses System aufgebaut und gepflegt wird. Das PDCA-Modell wird in Kapitel 3 weiter erläutert.

- ISO 27001 – ISMS-Anforderungen

  „Der ISO-Standard 27001 *Information technology - Security techniques - Information security management systems requirements specification* ist der erste internationale Standard zum Management von Informationssicherheit, der auch eine Zertifizierung ermöglicht. ISO 27001 gibt allgemeine Empfehlungen unter anderem zur Einführung, dem Betrieb und der Verbesserung eines dokumentierten Informationssicherheitsmanagementsystems auch unter Berücksichtigung der Risiken."[7]
  Dieser Standard überlässt den Unternehmen die detaillierte Auswahl der Prozesse und Einzelmaßnahmen. Das BSI stellt mit seinem IT-Grundschutz für einzelne Anwendungsbereiche konkrete Vorgehensweisen und Einzelmaßnahmen zur Verfügung.

- ISO 27002 – Code of Practice

  „Das Ziel von ISO 27002 *Information technology Code of practice for information security management* ist es, ein Rahmenwerk für das Informationssicherheitsmanagement zu definieren. ISO 27002 befasst sich daher hauptsächlich mit den erforderlichen Schritten, um ein funktionierendes Sicherheitsmanagement aufzubauen und in der Organisation zu verankern. Die Empfehlungen sind in erster Linie für die Management-Ebene gedacht und enthalten daher kaum konkrete technische Hinweise."[8]

- ISO 27003 – Implementation

  Leitfaden zur Umsetzung des Standards ISO 27001.

- ISO 27004 – Kennzahlen messen

  Leitfaden für die regelmäßige Überprüfung des ISMS.

- ISO 27005 – Risk Management

---

[6] BSI, BSI-Standard 100-1 2008, S. 9

[7] Vgl. BSI, BSI-Standard 101-1 2008, S. 9

[8] Vgl. BSI, BSI-Standard 101-1 2008, S. 9

„Dieser ISO-Standard *Information security risk management* enthält Rahmenempfehlungen zum Risikomanagement für Informationssicherheit. Unter anderem unterstützt er bei der Umsetzung der Anforderungen aus ISO/IEC 27001. Hierbei wird allerdings keine spezifische Methode für das Risikomanagement vorgegeben."[9]

- ISO 27007 – Audits
  Hilfestellung zum Audit des ISMS.

- ISO TR 27008 – Technische Audits
  Leitfaden für Auditoren bei der Implementierung und dem Betrieb von Sicherheitsmaßnahmen.

3 Plan-Do-Check-Act-Modell in der IT-Sicherheit

„Sicherheit ist ein bewegliches Ziel, da sich Sicherheits- und Kontinuitäts- sowie risikospezifische Anforderungen, Bedrohungen und Schwachstellen kontinuierlich verändern. Um dem Rechnung zu tragen, sollten diese Prozesse einen Verbesserungsprozess enthalten. Hierzu lässt sich der Deming- bzw. PDCA-Zyklus nutzen."[10]

Das Plan-Do-Check-Act-Modell, auch PDCA-Modell genannt, wird durch das Management initiiert. Dies geschieht durch das Finalisieren der Anforderungen durch das Management und das beginnt der PDCA-Zyklus. Alle Phasen werden nacheinander durchlaufen und am Ende des Zyklus beginnt der gesamte Prozess von vorne. In der Phase Act werden neben allen zuvor gesammelten Erkenntnissen weitere Anforderungen platziert. Hierdurch werden neue Sicherheitserkenntnisse oder Anwendungsbereiche mitberücksichtigt und im nächsten Durchgang des Modells aufgenommen.

---

[9] Vgl. BSI, BSI-Standard 101-1 2008, S. 9
[10] Vgl. Müller, IT-Sicherheit mit System 2014, S. 553

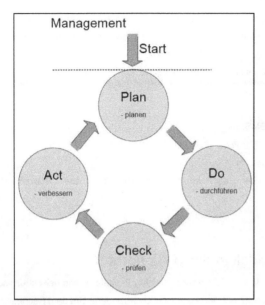

Abbildung 6: PDCA-Modell

„Im Rahmen dieses Modells werden Abläufe einmalig von der Unternehmensleitung initiiert. Hierüber erfolgt der Einstieg in die Planung und Konzeption (Plan). Diese beginnt immer mit der Festlegung der Ziele. Hierbei sollten als wesentliche Elemente die Sicherheitsziele und -strategien von der Unternehmensleitung definiert werden."[11]

- Planen – Phase Plan
    - Geschäftsprozesse prüfen und deren Kritikalität bestimmen
    - Schutzbedarf für Daten, Informationen und Geschäftsprozesse bestimmen
    - Sicherheitsmaßnahmen festlegen

- Durchführen – Phase Do
    Umsetzung der Sicherheitsmaßnahmen aus der Phase Plan, beispielsweise:
    - Präventivmaßnahmen
        - Datensicherung
        - Möglichst große Bandbreite von Sicherheitsvorfällen erkennen und behandeln
    - Notfallmanagement
        - Geschäftsprozesse definieren

---

[11] Vgl. BSI, Studie zur IT-Sicherheit in KMU 2011, S. 37

- Prüfen – Phase Check

  Funktionalität und Eignung einer umgesetzten Schutzmaßnahme aus der Phase Do
  überprüfen
  - Schutzmaßnahmen müssen dokumentiert sein
  - Kriterien zur Prüfung müssen definiert sein
  - Die Qualität wird anhand der umgesetzten Schutzmaßnahmen ermittelt

- Verbessern – Phase Act
  - Erkannte Fehler korrigieren oder das bestehende Risiko dulden und melden
  - Anpassung der Pläne und Konzepte
  - Neue Anforderungen

Die folgende Abbildung verdeutlicht das Vorgehensmodell aus der Abbildung 3 mittels dem PDCA-Modell.

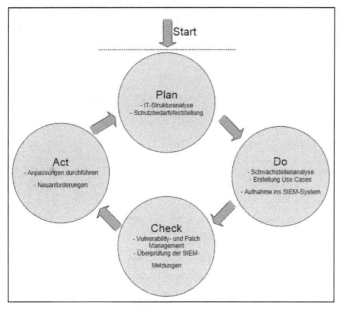

Abbildung 7: Vorgehensmodell und das PDCA-Modell

4 IT-Strukturanalyse

„Die Strukturanalyse dient der Vorerhebung von Informationen, die für die weitere Vorgehensweise
in der Erstellung eines Sicherheitskonzepts nach IT-Grundschutz benötigt werden. Dabei geht es
um die Erfassung der Bestandteile (Informationen, IT-Anwendungen, IT-Systeme, Räume,

Kommunikationsnetze), die zur Erfüllung der im Geltungsbereich festgelegten Geschäftsprozesse oder Fachaufgaben benötigt werden."[12]

Die vorliegende Ausarbeitung konzentriert sich auf IT-Anwendungen und IT-Systeme. Diese Systeme generieren die meisten Loginformationen und sind dadurch für eine Korrelation mittels eines SIEM-Systems gut geeignet.

Die durch die IT-Strukturanalyse ermittelten Informationen werden in Kapitel 8 bei der Erstellung von „Use Cases" weiterverwendet.

Die Ausgangsbasis für diese Analyse ist ein Netztopologieplan, mit dessen Hilfe die weiteren technischen Analysen durchgeführt werden. Abbildung 8 verdeutlicht exemplarisch, wie ein Netztopologie Plan aussehen könnte.

In dieser Ausarbeitung wird der Netztopologieplan aus Abbildung 8 als Referenz genommen. Alle IT-Anwendungen oder IT-Systeme beziehen sich auf diesen Netztopologieplan.

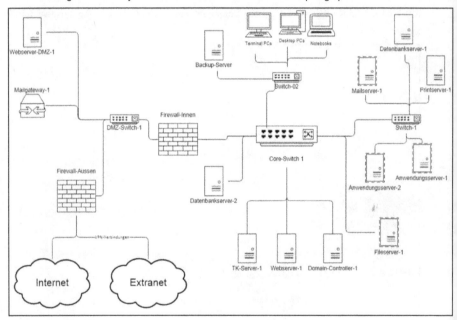

Abbildung 8: Netztopologieplan

4.1 IT-Anwendungen und IT-Systeme

„IT-Anwendungen unterstützen die Organisation bei der Abwicklung von Geschäftsprozessen oder Verwaltungsverfahren, um Dienstleistungen für sich selbst oder seine Kunden zu erbringen."[13]

„Der Schutzbedarf einer Anwendung resultiert in der Regel aus dem Schutzbedarf der damit verarbeiteten Informationen und wird mit dem Fachbereich zusammen festgelegt."[14]

---

[12] Vgl. BSI, BSI-Standard 100-2 2008, S. 39
[13] Kersten und Klett, Der IT Security Manager 2015, S. 23

Als IT-System wird jedes technische System bezeichnet, das Daten und Datenträger verarbeitet. Der Schutzbedarf der IT-Anwendungen muss bei der Schutzbedarfsanalyse der IT-Systeme miteinbezogen werden. Dies bedeutet, dass alle relevanten Schäden von IT-Anwendungen in der Gesamtheit betrachtet werden müssen. Folgende vier Punkte müssen bei der Analyse für IT-Systeme berücksichtigt werden.

- Maximumprinzip

  „Im Wesentlichen bestimmt der Schaden bzw. die Summe der Schäden mit den schwerwiegendsten Auswirkungen den Schutzbedarf eines IT-Systems (Maximumprinzip)."[15]

- Beachtung von Abhängigkeiten

  „Eine, für sich betrachtet, weniger bedeutende Anwendung A kann wesentlich an Wert gewinnen, wenn eine andere, wichtige Anwendung B auf ihre Ergebnisse angewiesen ist. In diesem Fall muss der ermittelte Schutzbedarf der Anwendung B auch auf die Anwendung A übertragen werden."[16]

- Kumulationseffekt

  IT-Systeme, auf denen mehrere kleinere Anwendungen laufen, sind durch kleinere Schäden dieser einzelnen Anwendungen gefährdet.
  Jeder Schaden wird kumuliert und es entsteht ein höherer Schutzbedarf für das betroffene IT-System.

- Verteilungseffekt

  Es existieren IT-Anwendungen mit einem hohen Schutzbedarf. Die unwesentlichen Teilbereiche einer solchen Anwendung können auf andere IT-Systeme ausgelagert sein. Hierdurch muss das System mit dem unwesentlichen Teilbereich nicht unbedingt in derselben Schutzbedarfsklasse eingetragen werden wie das eigentliche Hauptsystem.

Eine IT-Infrastruktur besteht meist aus sehr vielen Einzelobjekten. Bei einer Einzelerfassung dieser Objekte wird die IT-Strukturanalyse aufgrund der Datenmenge und der Komplexität nicht mehr handhabbar. Daher sollten gleichartige IT-Systeme oder IT-Anwendungen zu Gruppen zusammengefasst werden, um einen besseren Überblick zu gewährleisten.
In Tabelle 1 sind die IT-Systeme aus Abbildung 8 und deren IT-Anwendungen dargestellt.

---

[14] Vgl. BSI, BSI-Standard 100-2 2008, S. 41

[15] Vgl. BSI, BSI-Standard 100-2 2008, S. 54

[16] BSI, BSI-Standard 100-2 2008, S. 54

IT-System	IT-Anwendung
Firewall-Innen	IDS/IPS, Antivirensoftware, Packetfilter, Application Control
Firewall-Außen	IDS/IPS, Antivirensoftware, Packetfilter, Application Control
DMZ-Switch-1	-
Switch-1	-
Switch-2	-
Switch-3	-
Core-Switch-1	-
Mailgateway-1	Antivirensoftware, Anti-Spam
Datenbankserver-1	Datenbank-Management-System (DBMS), Antivirensoftware
Datenbankserver-2	Datenbank-Management-System (DBMS), Antivirensoftware
Printserver-1	Antivirensoftware
Anwendungsserver-1	Microsoft Windows Server Update Services (WSUS), Antivirensoftware
Anwendungsserver-2	Antiviren-Management-Server, Nessus-Server, Antivirensoftware
Backup-Server	Datensicherungsanwendung
Telekomunikations-Server-1	TK-Anwendung, Antivirensoftware
Fileserver-1	Antivirensoftware
Webserver-1	Apache
Webserver-DMZ-1	Apache
Domain-Controller-1	Microsoft Active Directory, Microsoft Domain Name System (DNS), Microsoft Dynamic Host Configuration Protocol (DHCP, Antivirensoftware)
Mailserver-1	Mailserver, Antivirensoftware

Tabelle 1: IT-Systeme und IT-Anwendungen

4.2 Schutzbedarfsfeststellung

„Ziel der Schutzbedarfsfeststellung ist es, für die erfassten Systeme zu entscheiden, welchen Schutzbedarf sie bezüglich Vertraulichkeit, Integrität und Verfügbarkeit besitzen. Dieser Schutzbedarf orientiert sich an den möglichen Schäden, die mit einer Beeinträchtigung der betroffenen Systeme verbunden sind."[17]

- Vertraulichkeit
  Bezeichnet die Eigenschaft, dass die Informationen nur für autorisierte Personen zugänglich sind.

- Integrität
  Die zu schützenden Daten dürfen nur durch autorisierte Personen verändert werden.

- Verfügbarkeit
  Die Verfügbarkeit von IT-Anwendungen oder IT-Systemen muss in einem vereinbarten Zeitrahmen zur Nutzung durch autorisierte Personen gewährleistet sein.

Die Vorgehensweise der Festlegung des Schutzbedarfs gliedert sich in zwei Schritte:
1. Fachliche Schutzbedarfsfeststellung und Dokumentation des Schutzbedarfs für die IT-Anwendung
2. Technische Schutzbedarfsfeststellung der IT-Systeme mit Berücksichtigung der IT-Anwendungen durch die IT-Abteilung

Die Schutzbedarfsfeststellung ist ein turnusmäßiger Prozess, der bei Veränderungen der Rahmenbedingungen durchgeführt werden muss. Zur Unterstützung dieses Prozesses kann das PDCA-Modell aus Kapitel 3 Hilfestellung bieten. Eine Aktualisierung der Schutzbedarfsfeststellung wird generell durchgeführt, wenn neue IT-Anwendungen/IT-Systeme eingeführt oder bestehende verändert werden.

Jeder Fachbereich legt seine eigenen Schutzbedarfsklassen fest. Die Aufgabe des IT-Sicherheitsbeauftragten beruht hier nur in der Kommunikation mit dem Fachbereich und der Dokumentation der gesammelten Ergebnisse.
Die Einstufung eines Schadens ist immer abhängig von dem Unternehmen, welches diese Klassenzuweisung durchführt. Daher muss jedes Unternehmen abwägen, welche Klasse welcher IT-Anwendung bzw. welchem IT-System zugeordnet werden sollte. Der Schutzbedarf wird nach dem BSI in drei Schutzbedarfskategorien eingeordnet. In dieser Arbeit wurden diese Kategorien

---

[17] Vgl. BSI, BSI-Standard 100-2 2008, S. 49

um eine vierte Schutzbedarfskategorie ergänzt. Wie die Schutzbedarfsklassen aussehen könnten, wird in Tabelle 2 näher erläutert.

Schutz-bedarfsklasse	Verfügbarkeit	Integrität	Vertraulichkeit
Niedrig	Tolerierbare Ausfalldauer > 2 Tage und Verfügbarkeit < 99,0 %	Manipulationen von Daten sind tolerierbar, da sie keine bedeutenden negativen Auswirkungen haben. Bei einer Erkennung sollten sie behoben werden.	Verarbeitung von Informationen mit niedrigem Schutzbedarf. Der Verlust der Vertraulichkeit kann zu unwesentlichen Schäden führen.
Normal	Tolerierbare Ausfalldauer > 1 Tag ≤ 2 Tage und Verfügbarkeit ≥ 99,0 % < 99,6 %	Manipulationen von Daten sind temporär tolerierbar, da sie keine größeren negativen Auswirkungen haben. Bei einer Erkennung sollten sie behoben werden.	Verarbeitung von Informationen mit normalem Schutzbedarf. Der Verlust der Vertraulichkeit kann zu niedrigen Schäden führen.
Hoch	Tolerierbare Ausfalldauer > 4h ≤ 1 Tag und Verfügbarkeit ≥ 99,6 % < 99,8 %	Manipulationen von Daten sind so weit wie möglich durch technische oder organisatorische Maßnahmen zu verhindern. Manipulationen durch unautorisierte Personen müssen protokolliert und kontrolliert werden.	Verarbeitung von Informationen mit hohem Schutzbedarf. Der Verlust der Vertraulichkeit kann zu mittleren Schäden führen.
Sehr hoch	Tolerierbare Ausfalldauer 4h und Verfügbarkeit ≥ 99,8 %	Manipulationen von Daten sind so weit wie möglich durch technische oder organisatorische Maßnahmen zu verhindern. Manipulationen durch unautorisierte Personen müssen protokolliert und kontrolliert werden.	Verarbeitung von Informationen mit sehr hohem Schutzbedarf. Der Verlust der Vertraulichkeit kann zu hohen Schäden führen.

Tabelle 2: Schutzbedarfsklassen

An diesem Punkt greifen wir Tabelle 1 aus Kapitel 4.1 auf und ergänzen diese mit den dazugehörigen Schutzbedarfsklassen. Da der Schutzbedarf einer IT-Anwendung sich auf die IT-Systeme projiziert, wird in der nächsten Tabelle nur der Schutzbedarf der IT-Anwendungen berücksichtigt.

IT-System	IT-Anwendung	Integrität	Vertraulichkeit	Verfügbarkeit
Firewall-Innen	IDS/IPS, Antivirensoftware, Packetfilter, Application Control	Hoch	Hoch	Sehr hoch
Firewall-Außen	IDS/IPS, Antivirensoftware, Packetfilter, Application Control	Hoch	Hoch	Sehr hoch
DMZ-Switch-1	-	Hoch	Hoch	Sehr hoch
Switch-1	-	Hoch	Hoch	Sehr hoch
Switch-2	-	Hoch	Hoch	Sehr hoch
Switch-3	-	Hoch	Hoch	Sehr hoch
Core-Switch-1	-	Hoch	Hoch	Sehr hoch
Mailgateway-1	Antivirensoftware, Anti-Spam	Hoch	Hoch	Sehr hoch
Datenbankserver-1	Datenbank-Management-System (DBMS)	Normal	Normal	Normal
Datenbankserver-2	Datenbank-Management-System (DBMS)	Hoch	Hoch	Sehr hoch
Printserver-1	Antivirensoftware	Normal	Normal	Normal
Anwendungsserver-1	Microsoft Windows Server Update Services (WSUS), Antivirensoftware	Hoch	Hoch	Sehr hoch
Anwendungsserver-2	Antiviren-Management-Server, Nessus-Server, Antivirensoftware	Hoch	Hoch	Sehr hoch
Backup-Server	Datensicherungs-anwendung	Hoch	Hoch	Sehr hoch

Telekomunikations-Server-1	TK-Anwendung, Antivirensoftware	Hoch	Hoch	Sehr hoch
Fileserver-1	Antivirensoftware	Hoch	Hoch	Sehr hoch
Webserver-1	Apache	Normal	Normal	Normal
Webserver-DMZ-1	Apache	Hoch	Hoch	Sehr hoch
Domain-Controller-1	Microsoft Active Directory, Microsoft DNS, Microsoft DHCP, Antivirensoftware	Hoch	Hoch	Sehr hoch
Mailserver-1	Mailserver, Antivirensoftware	Hoch	Hoch	Normal

Tabelle 3: Schutzbedarfsfeststellung für IT-Anwendungen und IT-Systeme

4.3 Schwachstellenanalyse

Schwachstellen beziehen sich nicht nur auf technische Systeme, sondern auch auf organisatorische Maßnahmen. Jedes System und jede Maßnahme hat eine Schwachstelle. In dieser Ausarbeitung werden lediglich Schwachstellen an der IT-Infrastruktur betrachtet.

„Schwachstellen können in jeder Phase des Entwicklungsprozesses eines Systems aus Hard- und/oder Softwarekomponenten entstehen. Diese Schwachstellen können in folgende Kategorien eingeordnet werden:

Anforderungsfehler

- Die Anforderungen sind in Bezug auf die Sicherheit fehlerhaft oder unzureichend.

Designfehler

- Die Spezifikation der IT-Anwendung oder des IT-Systems genügt nicht den Anforderungen und enthält Schwachstellen.

Implementierungsfehler

- Die Implementierung einer Spezifikation weicht von der Spezifikation ab und kann daher von Angreifern ausgenutzt werden.

Installations- und Administrationsfehler

- Bei der Installation oder Administration der IT-Anwendung oder des IT-Systems wurde eine Schwachstelle geschaffen, beispielsweise eine Sicherheitsfunktion ausgeschaltet."[18]

Der Mensch

---

[18] Vgl. Kappes, Netzwerk- und Datensicherheit 2013, S. 6

- Die meisten Anwender sehen die von ihnen genutzten Computer, Anwendungen oder Computernetzwerke als Werkzeuge, die sie bei der Umsetzung ihrer Arbeit unterstützen. Deshalb werden z. B. schwache Kennwörter verwendet, Anwendungen aus nicht autorisierten Quellen auf den Computersystemen installiert oder infizierte Anhänge aus einer Spam-Mail geöffnet.

Die Erfassung aller Schwachstellen ist eine komplexe Aufgabe. Um dieses Vorgehen zu unterstützen, kann eine sogenannte Bedrohungsmatrix oder ein Bedrohungsbaum für die Analyse verwendet werden.

4.3.1 Bedrohungsmatrix

„Bei dieser Vorgehensweise klassifiziert man zunächst die Gefährdungsbereiche; sie bilden die Zeilen in der Matrix. Die Zeilen könnten z. B. folgende Punkte beinhalten:

- Bedrohungen durch externe Angriffe
- Bedrohungen der Datenintegrität und der Vertraulichkeit (interne Angriffe)
- Bedrohung der Verfügbarkeit und der Ressourcennutzung (Denial-of-Service-Angriffe)
- Abstreiten durchgeführter Aktionen
- Missbrauch erteilter Berechtigungen (Rechtemissbrauch)"[19]

Die Spalten dieser Matrix werden mit den Auslösern von Bedrohungen befüllt. Tabelle 4 verdeutlicht eine schematische Darstellung einer Bedrohungsmatrix:

	Datendienste	Benutzerdienste	E-Mail-Dienste
Externe Angriffe	Zugriffe auf sensible Dateien.	Veränderung von Benutzerkonten.	Empfang von Spam-Mails und Viren-Mails.
Interne Angriffe	Zugriffe auf sensible Dateien.	Veränderung von Benutzerkonten.	-
Verfügbarkeit	Kein Zugriff auf Datendienste möglich.	Anmeldung nicht möglich.	Eingeschränkte oder gar keine Verfügbarkeit der Systeme.
Abstreiten	Unbefugtes Verändern von Dateien.	Veränderung von Benutzerkonten.	Abstreiten von Versand oder Empfang von bestimmten E-Mails.
Rechtemissbrauch	Unbefugtes Verändern von Dateien.	Nutzung anderer Benutzerkonten.	Versenden von E-Mails unter anderen Namen.

Tabelle 4: Schematische Darstellung einer Bedrohungsmatrix

---

[19] Vgl. Eckert, IT-Sicherheit Konzepte – Verfahren – Protokolle 2014, S. 197

4.3.2 Bedrohungsbaum

Die Analyse der Bedrohungen kann auch mittels eines Bedrohungsbaums (engl. attack tree) durchgeführt werden. „Die Wurzel eines Bedrohungsbaumes definiert ein mögliches Angriffsziel und damit eine mögliche Bedrohung des Systems. Der Bedrohungsbaum für das gewählte Angriffsziel wird nun so aufgebaut, dass zunächst in der nächsten Ebene des Baumes Zwischenziele definiert werden, die zur Erreichung des Gesamtzieles beitragen."[20] Die Blätter eines Bedrohungsbaums können mittels UND- bzw. ODER-Verknüpfungen miteinander verbunden werden, um komplexere Darstellungen von Bedrohungen darstellen zu können. Abbildung 9 stellt einen Angriff dar, der als Ziel den Zugriff auf sensible Daten hat. Der Bedrohungsbaum wird von unten nach oben gelesen. Das erste Ziel ist das Anmelden am System oder der Zugriff auf die Datensicherungen. Falls ein Angreifer sich am System anmelden kann, wird dieser in der Lage sein, auf sensible Daten zuzugreifen. Bei der Datensicherung können die Daten zurückgesichert werden.

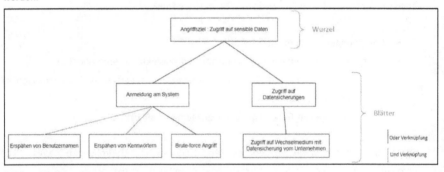

Abbildung 9: Bedrohungsbaum

All diese Schwachstellen bieten eine sehr große Angriffsfläche für Angreifer.

„Es existieren Informationsdienste, die Schwachstellen-Informationen, Risikoeinschätzungen und Vorschläge zur Behebung von Schwachstellen anbieten."[21] Diese Informationsdienste bestehen aus IT-Sicherheitsfachleuten, die zu einem sogenannten Computer Emergency Response Team (kurz CERT) gehören. Dieses Team arbeitet an konkreten IT-Sicherheitsvorfällen mit dem Ziel, Warnungen vor Sicherheitslücken und deren Lösungsansätze anzubieten.

Zwei dieser Anbieter sind beispielsweise das CERT der Bundesverwaltung (kurz CERT-Bund) und das S-CERT der Sparkassen-Finanzgruppe (kurz S-CERT).

Die Bundesverwaltung stellt ein RSS-Feed bereit, mit dessen Hilfe in regelmäßigen Abständen neue Informationen direkt von der Webseite des Bundes abgeholt werden können. Das S-Cert bietet eine Benachrichtigung per E-Mail an.

---

[20] Eckert, IT-Sicherheit Konzepte – Verfahren – Protokolle 2014, S. 199

[21] Vgl. Kersten und Klett, Der IT Security Manager 2015, S. 87

5 IT-Monitoring

„Ziel des Monitoring unter Verfügbarkeitsfokus ist es, durch geeignete Überwachungsmethoden und -techniken in einem möglichst frühen Stadium potentielle Gefährdungen der Verfügbarkeit zu erkennen und deren Ursachen zu beseitigen. Die Erfassung und Auswertung von Daten aus der Überwachung ermöglichen die Ermittlung von Trends und Prognosen bezüglich des zukünftigen Systemverhaltens."[22]

Fehlverhalten von Benutzern und Angriffe auf die IT-Infrastruktur zu protokollieren ist wichtig, da ohne eine solche Maßnahme Angriffsversuche oder erfolgreiche Angriffe nicht aufgedeckt werden können. Zusätzlich können diese Informationen für die Computerforensik verwendet werden, um die Schwachstellen ausfindig zu machen, die ausgenutzt worden sind. Eine Vorhersage über die zukünftige Nutzung von IT-Ressourcen (z. B. CPU-, RAM- oder Speicherplatz) wäre mit diesen Daten zusätzlich möglich. Durch diese Daten wären Unternehmen in der Lage, frühzeitig auf Engpässe oder Probleme zu reagieren.

„Die nächste Abbildung verdeutlicht, das die Überwachung, die (Früh-)Erkennung und die Ereignisreaktion jeweils als Teilprozesse in gesamten IT-Monitoring zu verstehen sind, in die nicht nur das reine Überwachen der Betriebsparameter, sondern auch deren Auswertung, die Generierung von Alarmen oder die Auslösung von Aktionen beinhalten."[23]

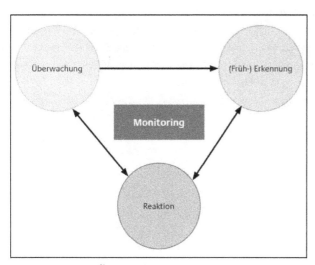

Abbildung 10: IT-Monitoring[24]

Ziele des IT-Monitoring sind:

---

[22] BSI, „Band B, Kapitel 10: Überwachung", 2013, S. 5
[23] Vgl. BSI, „Band B, Kapitel 10: Überwachung", 2013, S. 5
[24] BSI, „Band B, Kapitel 10: Überwachung", 2013, S. 5

- Vermeidung / Verringerung von Downtimes
- Bessere und schnellere Ursachenermittlung
- Kürzere Reaktionszeiten durch automatische Benachrichtigung
- Früherkennung zukünftiger Probleme und deren Vermeidung
- Planung der zukünftigen Nutzung von Ressourcen
- Überwachung der Verfügbarkeit der IT-Infrastruktur

5.1 Security Information and Event Management

Bevor das Security Information and Event Management näher betrachtet wird, werden zwei weitere Systeme kurz erläutert. Beim ersten System handelt es sich um das „Security Information Management", kurz SIM. SIM steht für die zentrale Sammlung, Übertragung, Speicherung, Analyse und Weiterleitung von Logdaten. Das SIM-System analysiert automatisch Logmeldungen und prüft diese auf Grenzwertüberschreitungen. Falls Grenzwerte überschritten werden, sendet das System eine Alarmmeldung an einen zuvor definierten Benutzerkreis. SIM-Systeme können auch für das Reporting genutzt werden. Das Security Event Management, kurz SEM, stellt das zweite System dar. „Es besitzt ähnliche Funktionalitäten wie ein SIM-System. Zusätzlich zu den SIM-Funktionen korreliert das SEM-System Logdateien anhand definierter Richtlinien miteinander und wird oft für die Echtzeitüberwachung eingesetzt."[25]

Aus diesen beiden IT-Anwendungen ist das „Security Information and Event Management System" entstanden. Diese neue Anwendung wird auch als SIEM-System bezeichnet und vereint die Funktionen des SIM und des SEM zu einer Anwendung.

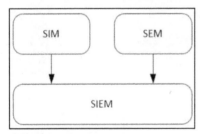

Abbildung 11: SIEM-System

SIEM-Systeme sind in der Lage, Ereignisse zu erkennen und Gegenmaßnahmen einzuleiten. Die Auswertung dieser Ereignisse wird anhand von Logdateien, die von verschiedenen IT-Systemen oder IT-Anwendungen an das SIEM-System gesendet werden, durchgeführt. Diese Logdateien werden zusätzlich auf dem SIEM-Server archiviert, um eine lückenlose Dokumentation aller

---

[25] Vgl. Maier, Was SIM und SEM von SIEM unterscheidet, 2013, S. 4

Ereignisse zu gewährleisten. Damit ist ein Unternehmen in der Lage, alle Vorfälle der letzten Tage, Monate oder auch Jahre revisionssicher abzulegen und bei Bedarf Reports über diese Ereignisse zu generieren. Das SIEM-System wertet hierfür Millionen von Meldungen aus und korreliert diese miteinander. Die Datenmengen werden nach bestimmen Kriterien gefiltert und soweit komprimiert, dass dem Benutzer nur noch die notwendigen Informationen präsentiert werden. Abbildung 12 verdeutlicht die Prozessschritte der Informationskomprimierung.

Abbildung 12: SIEM-Prinzip

Anwender können sich diese Informationen in einem sogenannten Dashboard z. B. als Tortendiagramm, Tabelle oder als Text ansehen. Diese Oberflächen sind meist für jeden Benutzer individuell konfigurierbar.

Des Weiteren können SIEM-Systeme folgende Aufgaben durchführen:

- Überwachung, Abbildung und Dokumentation der IT-Infrastruktur
- Abbilden von Workflows
- Dokumentation von Konfigurationsänderungen
- Bereitstellung von Audit- und Reportfunktionen

Um die Datenmenge auf ein Minimum zu reduzieren, sollten nicht alle vorhandenen Informationen in das SIEM-System importiert oder weitergeleitet werden. Welche Daten von IT-Anwendungen oder IT-Systemen in ein SIEM-System weitergeleitet werden sollen, wird in der Schwachstellenanalyse ermittelt. In Kapitel 8 werden einige Use Cases näher erläutert.

5.2 Datenquellen für das SIEM-System

In meiner Projektarbeit „Datenquellen für die   Datenintegration in ein SIEM-System" wurden die Datenquellen von Client-, Server- und Netzwerksystemen, die für eine Analyse in Frage kommen könnten, weitestgehend erläutert. Für weitere Informationen bezüglich dieser Quellen sei hier auf diese Ausarbeitung verwiesen.

Zusätzlich zu diesen Quellen ist es zu empfehlen, die Datenquellen aus RSS-Feeds und Twitter-Meldungen einzubeziehen. Der Vorteil dieser Quellen ist die schnelle Verbreitung von Informationen über das Internet. Somit kann ein Unternehmen schnell auf Bedrohungen reagieren. Wichtig hierbei ist es, dass nur vertrauliche Quellen genutzt werden, um „false positive"-Meldung zu vermeiden.

Rich Site Summary Feeds (RSS-Feeds)

RSS-Feeds wurden früher generell für Webblogs und Wikis verwendet, um Inhalte für andere Webseiten oder Benutzer zur Verfügung zu stellen. RSS steht für „Rich Site Summary" beziehungsweise für „Really Simple Syndication".

Ein RSS-Feed ist eine auf XML basierende Datei, die für die Inhaltsverbreitung von Webseiten im Web genutzt wird. Diese Feeds werden genutzt, um Änderungen von Webseiten zu überwachen. Durch ein RSS-Dokument wird ein RSS-Kanal zu einer Webseite aufgebaut, der den Abonnenten mit kurzen Informationsblöcken versorgt.

Ein RSS-Dokument besteht aus:

- einem Titel
- einer Kurzbeschreibung
- dem Veröffentlichungsdatum
- dem Autor
- weiteren Verweisen.

Diese Feeds können mittels eines RSS-Parsers ausgelesen und für die Überwachung von verschiedenen Meldungen oder Vorfällen in ein SIEM-System eingebunden werden. In diesem Punkt geht es hauptsächlich um die Überwachung kürzlich aufgetretener Sicherheitsrisiken oder Sicherheitsvorfällen, wie z. B. einer Verbreitung von neuen Computerviren oder Sicherheitslücken in Anwendungen.

Twitter

Twitter ist eine Echtzeit-Anwendung für das sogenannte Mikroblogging. Mikroblogging sind kurze Textnachrichten, die von verschiedenen Benutzern veröffentlicht werden. Diese Nachrichten können eine Länge von 140 Zeichen enthalten. Die Twitter-Webseite wird heute als Kommunikationsplattform für viele Themen genutzt, da eine Verbreitung von Nachrichten sehr schnell durchgeführt wird. Diese Nachrichten werden Tweets genannt und können Unicode-Zeichen, Hashtags, Links zu Webseiten oder Bilder enthalten. Mit einem Hashtag werden in Texten bestimmte Wörter oder Zeichen hervorgehoben.

Wie bei RSS-Feeds können diese Tweets mit einem Parser ausgelesen und ausgewertet werden.

Bevor diese zusätzlichen Quellen in die Überwachung eingebunden werden, muss gewährleistet sein, dass nur Informationen von verifizierten Quellen in das Überwachungssystem eingebunden werden. Durch dieses Vorgehen sollen „false positive"-Meldungen soweit wie möglich minimiert werden.

6 Splunk als Security Information and Event Management System

Splunk wurde aus dem englischen Wort „spelunking", was so viel bedeutet wie „Höhlen erforschen", abgeleitet. Das Wort Splunk steht für „Maschinendaten erforschen".

Splunk ist eine plattformunabhängige Software zur Speicherung, Verarbeitung und Visualisierung von Logdateien. Zusätzlich zu den Datenquellen aus Kapitel 5.1.1 können folgende Daten in Splunk importiert werden:

- Webserverdaten
- Benutzerklicks auf einer Webseite
- GPS-Daten
- Sensordaten
- Daten von Netzwerkgeräten
- Datenbanken-Logdateien
- Verzeichnisse
- Windows-Systeminformationen

Daten können in Splunk auf zwei Arten importieren werden. Entweder über „Splunk Forwarder" oder „Agent-Less Data Input".

Im „Splunk-Forwarder"-Verfahren wird auf den zu überwachenden Clients der Splunk Forwarder installiert. Dieser Agent kommuniziert mit dem Splunk-Server und sendet die Client-Informationen an den Splunk-Server. Im zweiten Verfahren (Agent-Less) werden z. B. Logdateien direkt auf einem Netzwerklaufwerk für die Indizierung verwendet. Zusätzlich kann beim Agent-Less-Verfahren die Syslog-Funktionalität genutzt werden. Abbildung 13 stellt beide Verfahren schematisch dar.

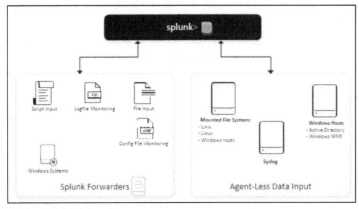

Abbildung 13: Splunk-Datenquellen

28

Im Prinzip können alle Datenquellen in Splunk integriert werden, die in der Lage sind, strukturierte (Character-separated Values (CSV) Dateien) oder unstrukturierte Daten (Textdateien) zu erzeugen.

Der Splunk-Server erhält keine vorgefilterten Daten, sondern die gesamten Logdateien. Dadurch können auch vermeintlich unwichtige Informationen durchsucht werden. Auf den ersten Blick sind Logdateien unorganisiert und sehr unübersichtlich. In Abbildung 14 werden Logdateien von vier unterschiedlichen Systemen dargestellt.

Abbildung 14: Auszug Logdateien[26]

Auf den zweiten Blick ist ersichtlich, dass diese Informationen miteinander korrespondieren könnten. Es handelt sich um einen Kunden, der anhand der „Customer ID" oder der „Order ID" identifiziert wurde (siehe nächste Abbildung).

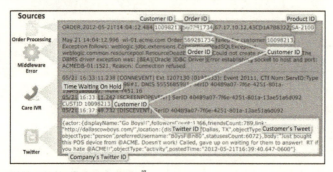

Abbildung 15: Identifikation in Logdateien[27]

---

[26] Quelle: splunk.com

[27] Quelle: splunk.com

Wie in dem Logauszug zu sehen ist, wollte der Kunde auf der Webseite eine Bestellung abschicken und ist beim Absenden des Formulars auf einen Fehler gestoßen. Anschließend hat der Kunde die Hotline angerufen, um eventuell die Bestellung per Telefon abzuschließen. Nach einer längeren Wartezeit in der Hotline hat der Kunde aufgelegt und einen „Tweet" auf Twitter veröffentlicht.

Wie dieses Beispiel verdeutlicht, ist es für Unternehmen schwierig, ohne eine solche Korrelation von verschiedenen Ereignissen herauszufinden, warum der Kunde die Bestellung nicht abgeschlossen hat und dadurch einen schlechten Tweet auf Twitter veröffentlicht hat. In diesem Fall sind zwei gravierende Probleme durch die Korrelation der Logdateien ersichtlich geworden.

1. Fehler in der Middleware-Anwendung
2. Lange Wartezeit in der Warteschleife

Eine schnelle Lösung dieser beiden Probleme ist für ein Unternehmen sehr wichtig, damit nicht noch mehr Kunden beim Bestellprozess eine Fehlermeldung erhalten und die Bestellung nicht abschließen. Des Weiteren besteht die Möglichkeit, Ereignisse dieser Art automatisiert abzufangen und einen bestimmten Personenkreis hierüber zu informieren. Durch dieses proaktive Vorgehen können auftretende Probleme schnell und effizient beseitigt werden.

Das Korrelieren und Überwachen von Logdateien wird in den nächsten Kapiteln näher erläutert. Zuvor sollen jedoch erst das Prinzip und die Arbeitsweise vom Splunk-Server und vom Splunk-Client dargestellt werden.

Der Zugriff auf die Informationen in Splunk wird anhand von Rollen geregelt. In der Standardauslieferung der Anwendung existieren drei Rollen, wie in der nächsten Abbildung zu sehen ist.

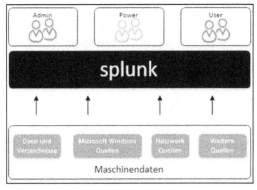

Abbildung 16: Benutzerrollen in Splunk

Admin

- „Die Rolle Admin ist für Benutzer gedacht, die das Splunk-System administrieren. Zu dieser Rolle gehören das Anlegen und Pflegen der Benutzer, Objekte und der Splunk-Konfiguration. Die Rolle Admin besitzt die höchste Berechtigungsstufe in Splunk."[28]

Power

- „Diese Rolle hat die Berechtigung zur Bearbeitung von Suchenanfragen, Alarmen usw."[29]

User

- „Personen, die die Rolle Benutzer erhalten, können eigene Suchanfragen oder Konfigurationen erstellen und bearbeiten."[30]

Es existiert noch eine vierte Rolle (can_delete). Mit dieser können Benutzer Informationen aus dem Bestand von Splunk löschen. Dadurch, dass alle Daten revisionssicher aufbewahrt werden sollen und keine Informationen gelöscht werden dürfen, wird diese Rolle standardmäßig nicht vergeben. Falls Daten aus dem Bestand gelöscht werden müssen, muss diese Rolle einem oder mehreren Benutzern temporär zugewiesen werden.

Es ist auch möglich, eigene Rollen anzulegen und diese einzelnen Benutzern zuzuweisen. Welche Rollen benötigt werden, wird im Kapitel „Zugriffsrollen in Splunk" näher erläutert. Anhand dieser Informationen wird das Zugriffskonzept von Splunk aufgebaut.

6.1 Splunk-Komponenten

In diesem Kapitel werden wir näher auf die benötigen Splunk-Komponenten eingehen, die für den Aufbau einer Splunk-Infrastruktur notwendig sind.

Diese Komponenten müssen nicht separat auf einem IT-System eingerichtet werden und können für eine Lastverteilung auf verschiedenen IT-Systemen installiert und konfiguriert werden.

Folgende Komponenten werden für den Aufbau einer Splunk-Infrastruktur benötigt:

- Splunk Forwarder

  Der Forwarder ist eine Splunk Instanz, die Daten an den Splunk-Server oder an eine Third-Party-Anwendung weiterleitet. Die Daten werden vom Forwarder nicht indiziert. Es existieren zwei Arten von Splunk Forwardern:

---

[28] Vgl. Splunk Inc., Splunk Enterprise 6.2.4 Admin Manual 2015, S. 174 - 175
[29] Vgl. Splunk Inc., Splunk Enterprise 6.2.4 Admin Manual 2015, S. 174 - 175
[30] Vgl. Splunk Inc., Splunk Enterprise 6.2.4 Admin Manual 2015, S. 174 - 175

- o Universal Forwarder

  Diese Instanz sendet die Daten, ohne diese zu verarbeitet, an den Indexer.

- o Heavy Forwarder

  Vor dem Versenden der Daten durchlaufen die Daten den Parser und im Anschluss den Indexer, wo die Daten indiziert werden. Am Ende dieses Prozesses werden die verarbeiteten Daten an den Haupt-Indexer weitergeleitet.

Mit der Möglichkeit, mehrere Forwarder in einem Splunk-Netzwerk einzusetzen, können verschiedene Load-Balancing-Topologien aufgebaut werden. Im Kapitel „Splunk-Topologien" werden die einzelnen Topologien näher betrachtet.

- Splunk Indexer

  Der Indexer ist die Splunk Instanz, die Daten für die Suche indiziert und die Rohdaten in Ereignisse umwandelt und diese dann im Indexer für die Suche speichert. Der Indexer durchsucht die indizierten Daten und liefert das gesuchte Ergebnis zurück.

- Splunk Receiver

  Ein Receiver ist die Instanz, die vom Forwarder Daten erhält. Der Receiver ist entweder ein Indexer oder ein Receiver.

- Splunk Search Head

  In einer Umgebung, in der mehrere Indexer eingerichtet sind oder viele Benutzer gleichzeitig Suchanfragen durchführen, übernimmt die Splunk Search Head Instanz das Management für Suchanfragen und führt alle Informationen zusammen. Für den Benutzer bringt dies den Vorteil, dass er auf einer Oberfläche jegliche Indexer zur selben Zeit durchsuchen kann. Ein weiterer Vorteil ist, dass eine Indizierung der Daten auf verschiedenen Systemen parallel durchgeführt werden kann und dadurch die Indizierungsgeschwindigkeit gesteigert wird.

- Splunk Deployment Server

  In einer verteilten Splunk-Umgebung fungiert der Deployment Server als Repository und als Verteilungsserver für verschiedene

  - o Konfigurationen und Konfigurationsänderungen
  - o Splunk Applications (Splunk-Apps)
  - o Splunk Updates

Es können z. B. Gruppen für bestimmte Maschinen oder Gruppen für bestimmte Betriebssysteme deklariert werden, an die der Deployment Server direkt alle

Konfigurationsänderungen sendet. Diese Gruppen werden „Server Class"-Gruppen genannt.

Ein Deployment Client ist in der Regel ein Indexer oder ein Forwarder.

- Splunk Deployment Client

  Der Splunk Deployment Client ist eine Splunk Instanz, die über das Netzwerk von einem Splunk Deployment Server

  o Konfigurationen und Konfigurationsänderungen

  o Splunk-Apps

  o Splunk-Updates

  erhält.

  Als Splunk Deployment Clients können Splunk Forwarder, Splunk Indexer und Splunk Search Heads verwendet werden. Der Client meldet sich in regelmäßigen Abständen beim Deployment Server (siehe nächste Abbildung), um seinen Status bei diesem zu aktualisieren. Der Server sendet daraufhin dem Client die Informationen zu, die für diesen Client bestimmt sind. Diese Informationen können z. B. Apps oder Konfigurationen beinhalten.

Abbildung 17: Splunk Deployment Clients[31]

Vor dem Versenden wird eine Checksumme von den zu versendenden Informationen erzeugt und vom Server an den Client gesendet. Der Client vergleicht diese Informationen mit seinen eigenen, um herauszufinden, ob er diese Änderungen schon eingespielt hat oder nicht. Falls diese Daten nicht auf dem Splunk-Client eingespielt worden sind, werden diese Änderungen vom Deployment Server heruntergeladen und eingespielt.

- Splunk Deployment Apps

---

[31] Quelle: Splunk

33

Deployment Apps bestehen aus einer oder mehreren Konfigurationsdateien, die auf dem Splunk Deployment Server aufbewahrt und verteilt werden. Wenn für eine App eine neuere Version zur Verfügung steht, wird diese über den Splunk Deployment Server an die Splunk Deployment Clients verteilt. Die Verteilung läuft über „Server Class"-Gruppen. Die nächste Abbildung zeigt einige Splunk-Apps, die bereits auf dem Deployment Server eingerichtet worden sind und für die Verteilung zur Verfügung stehen.

Abbildung 18: Splunk Deployment Server Apps[32]

- Splunk Server Class
  Eine „Server Class"-Gruppe kann aus bestimmten Kriterien bestehen, die für die Auswahl der Deployment Clients verwendet werden können. Als Kriterien können z. B. die folgenden Punkte verwendet werden:
  - o Betriebssystem
  - o Standort
  - o Hardware
  - o IP-Adressen
  - o DNS-Namen

Die Zuweisung von Clients zu einzelnen Gruppen kann auch mit Wildcards durchgeführt werden. Hier könnten beispielsweise alle Server im IP-Adressbereich von 10.100.2.x zu einer Server Class zusammengefasst werden.

Nach einer Zuweisung von Splunk-Apps zu einer „Server Class"-Gruppe wird eine automatische Zuweisung an die Mitglieder dieser Gruppe durchgeführt. Die Apps werden

---

[32] Quelle: Splunk

seitens der Deployment Clients automatisch heruntergeladen und auf dem lokalen System installiert.

Abbildung 19: Splunk Server Class[33]

6.2 Splunk-Topologien

Die Komplexität einer Abfrage und die Anzahl gleichzeitiger aktiver Benutzer auf einem Splunk-Server kann sehr performance-intensiv werden. In einer Splunk-Infrastruktur können unterschiedlich Topologien aufgebaut werden, die sich in der Verarbeitungsgeschwindigkeit der Informationen unterscheiden. Um eine optimale Performance der Splunk-Infrastruktur zu gewährleisten, wird in diesem Kapitel auf die vier Grundtopologien einer Splunk-Umgebung eingegangen.

Die Topologien können an die Anforderungen des Unternehmens angepasst werden, bauen allerdings immer auf diesen vier Topologien auf.

- Departmental

    Die Departmental-Topologie besteht meistens aus einem Splunk-Server, der als Indexer und als Splunk Search Head fungiert. Alle Splunk-Clients senden die Informationen direkt an diesen Server.

---

[33] Quelle: Splunk

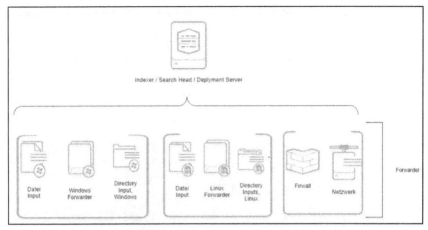

Abbildung 20: Splunk-Departmental-Topologie

- Small Enterprise

Eine Small-Enterprise-Umgebung besteht aus zwei oder drei Indexern und einem Splunk Search Head Server.

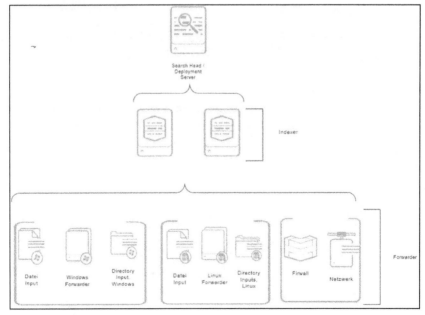

Abbildung 21: Splunk-Small-Enterprise-Topologie

- Medium Enterprise

Diese Topologie besteht meist aus fünf oder mehr Indexern und mindestens zwei Splunk Search Head Servern.

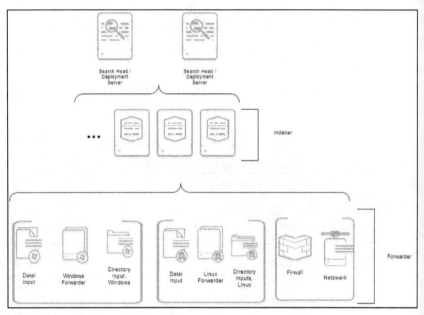

Abbildung 22: Splunk-Medium-Enterprise-Topologie

- Large Enterprise

Die Large-Enterprise-Topologie ist die größte Splunk-Infrastruktur unter den vier Grundtopologien. Sie besteht aus mehreren Indexern und mindestens zehn Splunk Search Head Servern.

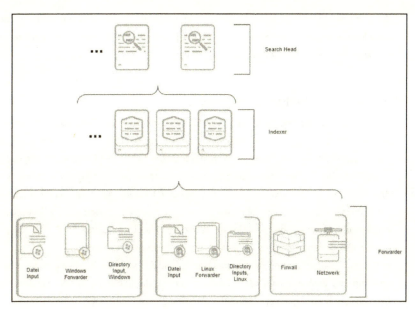

Abbildung 23: Splunk-Large-Enterprise-Topologie

Tabelle 4 stellt eine Übersicht über die unterschiedlichen Topologien und deren Einsatzszenarien dar.

	Departmental	Small Enterprise	Medium Enterprise	Large Enterprise
Indexvolumen pro Tag	0 – 20 GB	20 – 100 GB	100 – 300 GB	300 – 1 TB+
Anzahl Forwarder	Durchschnitt < 10; max. 100	Durchschnitt 10; max. 100	Durchschnitt 10; max. 1000	Durchschnitt 10; max. 1000
Gleichzeitige Benutzerzugriffe	Durchschnitt < 10	Durchschnitt 10	Durchschnitt 10; max. 100	Durchschnitt 10; max. 500+
Genutzte Applikationen	1 – 10	1 – 10	1 – 20+	10 – 50
Indexer	1	2 – 3	4 – 9	10+
Search Head	Im Indexer enthalten	1	2	3+
Konfiguration	Manuelle Konfiguration	Manuelle Konfiguration / Deployment Server	Deployment Server / 3rd Application	Deployment Server / 3rd Application

Tabelle 5: Splunk-Topologien im Überblick[34]

---

[34] Vgl. Splunk Inc., Splunk Enterprise 6.2.4 Distributed Deployment Manua 2015l, S. 25-26

Zu den genannten Topologien können zusätzliche Clusterfunktionalitäten in der Splunk-Infrastruktur eingebunden werden, um eine Hochverfügbarkeitslösung zu implementieren. Dies soll hier aber nicht weiter vertieft werden.

6.3 Datenverarbeitung in Splunk

Das Speichern der empfangenen Loginformationen in einer Datenbank ist nicht besonders praktikabel, da immer ein Datenbankschema für diese Art von Informationen vorhanden sein muss. Außerdem werden bei einem Import der Daten nicht alle Informationen aus den Logdateien in die Datenbank geschrieben. Dies liegt daran, dass nicht für alle Informationen Tabellen und Spalten in der Datenbank existieren. Ein weiterer Nachteil bei dieser Vorgehensweise besteht darin, dass die Informationen aus den Logdateien durch den Import in eine Datenbank verändert werden und nicht mehr im Original vorliegen. Hierdurch können die Logdateien in einem eventuellen Gerichtsverfahren nicht als Beweismittel verwendet werden.

In Splunk hingegen werden die Originaldaten zusätzlich auf dem Dateisystem des Splunk-Servers abgelegt und bleiben unverändert. Dadurch können die Informationen als Beweismittel in einem Gerichtsverfahren genutzt werden. Abbildung 24 verdeutlicht die Verarbeitung von Maschinendaten in Splunk.

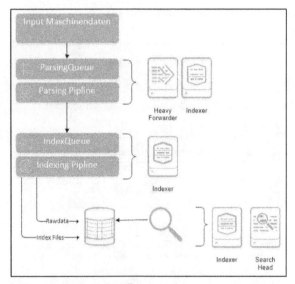

Abbildung 24: Datenimport in Splunk[35]

---

[35] Vgl. Splunk Inc., Splunk Enterprise 6.2.4 Getting Data In 2015, S. 14

Diese Maschinendaten werden als Erstes im Inputbereich angenommen, in 64k-Blöcke geteilt und zusätzlich mit Metadaten bereichert. Der Inhalt dieser Daten wird in diesem Prozess nicht analysiert. Im Parsing-Prozess wird der Inhalt der Maschinendaten untersucht, analysiert und transformiert. Dieser Prozess wird auch „Event Processing" genannt, da die Informationen in einzelne Ereignisse (auch Events genannt) unterteilt werden. Der Parser erkennt automatisch bestimmte Felder und ordnet diesen Event-Typen zu.

Abbildung 25 verdeutlicht, wie der Parser einzelne Felder aus den Logdateien zu Events zusammenfasst. Hier werden die Felder Computername, Event Code und Hostname automatisch erkannt und den Events zugeordnet.

i	Uhrzeit	Ereignis
>	26.07.15 19:09:01,000	07/26/2015 07:09:01 PM LogName=System SourceName=Microsoft-Windows-Service Control Manager EventCode=7036 EventType=4 Show all 12 lines ComputerName = Windows7 EventCode = 7036 host = Windows7

Abbildung 25: Event Processing[36]

Falls Event-Typen von Splunk nicht automatisch zugeordnet werden können, besteht die Möglichkeit, eigene Typen zu definieren und diese durch Splunk automatisch zuweisen zu lassen. Der Parsing-Prozess kann auf dem Splunk Heavy Forwarder oder dem Indexer ausgeführt werden.

In der Indexer-Instanz werden die Daten vom Parser übernommen, indiziert und auf der Festplatte in einem eigenen Dateisystem abgelegt. Das Dateisystem von Splunk besteht aus mehreren *.tsidx-Dateien, welche auch als Indizes bezeichnet werden. Der Einsatz von mehreren Indizes ermöglicht es, unterschiedliche Speicherort, Zugriffsberechtigung und Vorhaltezeiten für einzelne Loginformationen einzustellen.

Nach Abschluss der Indizierung werden die Rohdaten komprimiert auf der Festplatte mit den dazugehörigen indizierten Daten abgelegt. Am Ende dieses Prozesses können die indizierten Informationen für die Suche verwendet werden.

In kleinen Splunk-Umgebungen reicht es meist aus, alle Komponenten eines Splunk-Servers auf einem System zu installieren und zu konfigurieren. Ab einem gewissen Logvolumen pro Tag oder bei einer Erhöhung der Abfragen auf die Loginformationen ist es sinnvoll, die Komponenten von Splunk physikalisch voneinander zu trennen, um die Performance und die Verfügbarkeit zu erhöhen (siehe Kapitel 6.2).

---

[36] Quelle: Splunk

In Abbildung 26 sind Splunk Forwarder dargestellt, die unter den Betriebssystemen Windows und Linux eingerichtet sind. Die Loginformationen von Microsoft und Linux werden in separaten Indexern gespeichert. Zusätzlich werden die Informationen von Firewall- und Netzwerkgeräten in einem separaten Index abgelegt. Ziel dieser Trennung ist, dass Windows-Administratoren nur Zugriff auf den „Indexer – Windows"und Linux-Administratoren nur Zugriff auf den „Indexer – Linux" erhalten. Natürlich können für Windows-Administratoren auch Zugriffe auf andere Indexer eingerichtet werden. Der hier genannte Fall soll nur als Beispiel dienen.

Bei einer Suchanfrage auf dem Splunk Search Head Server fragt dieser alle Informationen bei den Indexern ab und überführt alle gefundenen Daten an den Benutzer. Die Kommunikation zwischen dem Splunk Search Head Server und einem Indexer findet mittels Transmission Control Protocol (TCP) und über einen frei wählbaren Port statt.

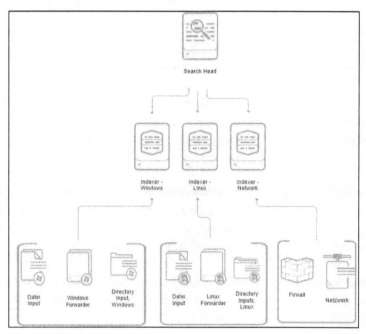

Abbildung 26: Splunk-Netzwerk

6.4 Splunk-Suche und -Berichte

Nachdem die benötigten Schnittstellen auf dem Splunk-Server eingerichtet sind, können die importierten Loginformationen mit der Splunk-Suchsprache durchsucht werden. Die Suchsprache wird auch „Search Processing Language" (kurz SPL) genannt. Die Suchfunktion in Splunk wird für die Suche und Analyse aller importierten Informationen verwendet. Abbildung 27 zeigt das Suchdialogfenster in Splunk. Im oberen Bereich, in dem Feld „New Search", werden die

Suchbefehle eingegeben. Zusätzlich wird in diesem Bereich der Suchzeitraum festgelegt. Die gefundenen Informationen werden im unteren Bereich nach einer erfolgreichen Suche angezeigt. Durch einen Klick auf einen angezeigten Balken in der Timeline werden nur die Ereignisse für den ausgewählten Zeitraum angezeigt.

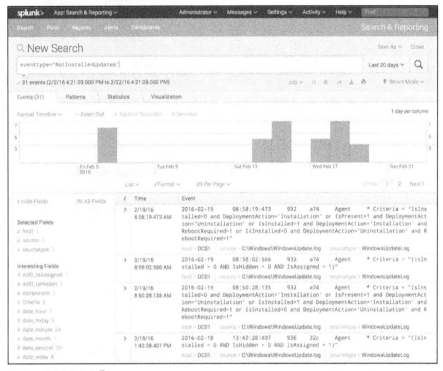

Abbildung 27: Splunk-Suche[37]

Je mehr Informationen durchsucht werden, desto länger dauert eine Suchanfrage. Deshalb sollte im Vorfeld die Datenmenge soweit wie möglich eingegrenzt werden. Hier bietet sich zunächst die Eingrenzung des Suchzeitraums an. Zusätzlich kann eine Suche auf bestimmte Felder beschränkt werden, um die Geschwindigkeit der Suche noch weiter zu erhöhen.

Folgende Felder können für die Eingrenzung verwendet werden:

- Host

  Direkte Suche nach einem bestimmen Host.

  Beispiel: host=DC01

- Quellen

  Direkte Suche in einer Quelle.

---

[37] Quelle: Splunk

Beispiel: source=ActiveDirectory

- Sourcetypen
  Direkte Suche nach Sourcetypen.
  Beispiel: sourcetype=WindowsUpdateLog

Es existieren noch weitere Kriterien, welche in Suchabfragen genutzt werden können. An dieser Stelle werden sie jedoch nicht weiter thematisiert. Deshalb sei hier auf die Webseite www.splunk.com verwiesen.

In Splunk werden zwei Sucharten unterschieden:

- „Raw Event"-Suche
  „Die Suche liefert Informationen aus einem Index oder Indexer zurück, auf die keine weiteren Befehle mehr angewandt werden. Sie wird oft für das Überprüfen von Fehlermeldungen, Korrelation von verschiedenen Informationen, Untersuchung von Sicherheitsvorfällen oder das Analysieren von Fehlern verwendet."[38] Diese Suche enthält keine Suchbefehle. Suchbefehle sind z. B. join, selfjoin, append usw.

- „Report-Generating"-Suche
  Diese Suche erhält Daten aus einem Index und führt auf das Ergebnis weitere Befehle durch. Diese Funktion wird durch eine „Search Pipeline" gewährleistet. Um eine Suchanfrage zu einer „Pipeline" zusammenzufassen, wird das Pipe-Zeichen („|") verwendet. Abbildung 28 verdeutlicht eine Verkettung einzelner Suchanfragen durch das Pipe-Zeichen.

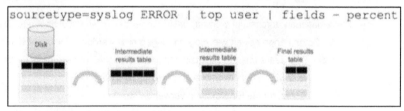

Abbildung 28: Search Pipeline[39]

Im ersten Schritt werden alle Informationen aus dem sourcetype Syslog, die den String Error enthalten, gesucht und an den nächsten Befehl weitergegeben. Im zweiten Schritt werden aus der vorangegangenen Suche die Top-10-User in einer Tabelle dargestellt. In

---

[38] Vgl. Splunk Inc., Splunk Enterprise 6.0.2 Search Manual 2014, S. 9
[39] Quelle: Splunk Inc., Splunk Enterprise 6.0.2 Search Manual 2014, S. 12

dieser Tabelle werden die Spalte Summe und der prozentuale Anteil aller Ereignisse angezeigt. Der letzte Befehl (| fields – percent) löscht die Spalte „prozentualer Anteil", damit nur die Top-Benutzer angezeigt werden. Jeder Pipe-Befehl verändert die Darstellung der Tabelle durch das Herausfiltern bestimmter Informationen.

Zusätzlich zu den oben genannten Optionen besteht die Möglichkeit, den Suchmodus zu ändern. Folgende Suchmodi stehen hier zur Verfügung:

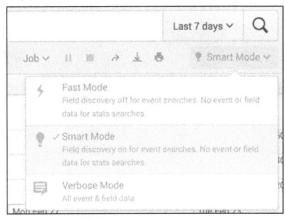

Abbildung 29: Suchmodi[40]

- Fast Mode

  Die Suchgeschwindigkeit steht bei dieser Option an erster Stelle. Deshalb werden nur relevante Felder aus dem Suchergebnis angezeigt. Die Funktion „Field Discovery" wird in diesem Modus deaktiviert. Diese Funktion extrahiert zusätzliche Felder zum Standard aus den Loginformationen. Es werden nur Standardfelder und Felder aus dem Suchstring zurückgegeben. In Abbildung 30 werden nur die relevanten Felder im Suchmodus „Fast Mode" angezeigt.

---

[40] Quelle: Splunk

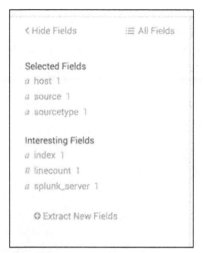

Abbildung 30: Field Discovery deaktiviert[41]

- Smart Mode (Default)

  Dieser Modus springt zwischen den Suchoptionen Fast und Verbose hin und her. Wenn bei einer Suche Transformationsbefehle verwendet werden, wird die Suche im „Verbose Mode" ausgeführt. Falls Transformationsbefehle nicht enthalten sind, wird die Suche im „Fast Mode" durchgeführt.

- Verbose Mode

---

[41] Quelle: Splunk

In diesem Modus werden alle Felder zurückgeliefert, die zur Verfügung stehen. Dieser Modus benötigt eine längere Ausführungszeit, bis die Ergebnisse angezeigt werden. Die Option „Field Discovery" und die Reporting-Befehle können in diesem Modus genutzt werden.

Abbildung 31: Field Discovery aktiviert[42]

Damit die erstellten Suchanfragen weiter genutzt werden können, ist Splunk in der Lage, aus diesen Berichte, Dashboard-Teilfenster, Alarmierungen oder Event-Typen zu erzeugen. Hierfür muss der Suchstring in dem Suchfeld eingegeben werden und kann danach über den Button „Speichern als" in der gewünschten Form gespeichert werden (siehe nächste Abbildung).

---

[42] Quelle: Splunk

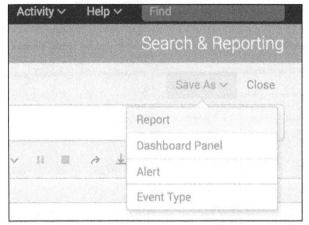

Abbildung 32: Suche speichern[43]

- Bericht

    Falls eine Suchanfrage für eine spätere Suche verwendet werden soll, kann diese als Bericht gespeichert werden. Berichte können auch für eine regelmäßige Überprüfung der Loginformationen verwendet werden. In einem Bericht müssen mindestens der Suchstring, die Zeitperiode und der Berichtsname enthalten sein.

- Dashboard-Teilfenster

    Die Suche wird als Teilfenster für ein bestehendes Dashboard gespeichert.

- Alarmierung

    Speichert die Suchanfrage als Alarm.

- Event-Typ

    Events sind einzelne Logeinträge, welche zusätzlich für die Bezeichnung von mehreren Events genutzt werden können. Eine komplexe Suchanfrage, die z. B. mehrere Loginformationen miteinander korreliert und im Nachhinein einen Bericht erzeugt, besteht aus einer langen Verkettung von Befehlen. Um diesen gesamten Befehlt nicht immer wieder neu eingeben zu müssen, kann dieser Befehl als ein Event-Typ gespeichert werden.

---

[43] Quelle: Splunk

6.5 Splunk-Alarmierung

„Ein Alarm wird ausgelöst, wenn eine vordefinierte Suche ein positives Ergebnis zurückliefert."[44]

Beispiel: Ein Benutzer versucht, sich an einem IT-System anzumelden und gibt mehrfach ein falsches Kennwort ein.

Ein Suchtrigger könnte z. B. nach allen Fällen suchen, in denen ein Benutzer innerhalb von fünf Minuten dreimal ein falsches Kennwort eingibt. Dann wird ein Alarm per E-Mail versendet oder es erscheint eine Meldung auf einem Dashboard.

Folgende Alarmierungsarten können verwendet werden:

- Per Result Alert

  Diese Alarmierung ist eine Echtzeit-Benachrichtigung die nach Auftreten eines positiven Suchergebnisses ausgelöst wird.

- Scheduled Alert

  Die Suchanforderung wird zeitgesteuert ausgeführt und kann z. B. jede Stunde oder alle zehn Minuten aufgerufen werden. Falls ein positives Suchergebnis vorliegt, wird eine Alarmierung ausgelöst.

- Rolling-window Alert

  Diese Alarmierung ist eine Echtzeit-Benachrichtigung wie die „Per Result Alert"-Alarmierung. Zusätzlich zur Suche kann hier das Zeitfenster eingegeben werden, welches überwacht werden soll. Beispiel: Überwachung von Fehlanmeldungen innerhalb von zehn Minuten.

Jede dieser Alarmierungen kann eine E-Mail versenden, ein Skript ausführen oder eine Nachricht per RSS-Feed auslösen.

Die Benachrichtigungen werden in verschiedene Schweregrade eingestuft, um eine bessere Trennung zwischen diesen Meldungen zu ermöglichen. Diese Kategorien werden beispielsweise in Dashboards für eine bessere Darstellung von Informationen verwendet.

Folgende Schweregrade stehen zur Auswahl:

- Info
- Low
- Medium
- High
- Critical

---

[44] Vgl. Splunk Inc., Splunk Enterprise 6.2.4 Alerting Manual 2015, S. 1

Falls eine Alarmierung ausgelöst wird, können folgende Aktionen durchgeführt werden:

- Senden einer E-Mail inklusive Informationen zur Alarmierung
- Ausführen eines Skriptes
- Auslösen eines RSS-Feeds
- Senden von SNMP Traps
- Überwachen des Alarms in Splunk

6.6 Splunk-Apps und Add-Ons

In einer Splunk-Umgebung können zusätzlich Splunk-Apps oder Add-ons eingebunden werden, um die Funktionalität eines Splunk-Servers zu erweitern. In einer App ist z. B. die Syntax bestimmter Loginformationen voreingestellt, damit nach dem Importieren der Parser diese Informationen den Event-Typen automatisch zuordnen kann. Nach Installation der App „Splunk App for Windows Infrastructure" auf einem Splunk-Server oder -Client werden die Informationen zu den Logdateien angezeigt, die von diesem System gesammelt werden können. Hierdurch muss der Administrator Verzeichnisse oder einzelne Dateien nicht manuell heraussuchen und diese einbinden.

Abbildung 33 verdeutlicht, wie viele Apps am 05.04.2016 auf der Splunk-Webseite zur Verfügung standen und heruntergeladen werden konnten.

BROWSE BY CATEGORY	
Application Management	152
IT Operations Management	355
Security and Compliance	341
Business Analytics	63
Utilities	275
Cool Stuff	196
Internet of Things	42

BROWSE BY TECHNOLOGY	
Microsoft	171
Cisco	31
ERP	1
IBM	18
Java	33
Oracle	12
Juniper	9
CRM	1

Abbildung 33: Splunk-Apps[45]

---

[45] Quelle: splunkbase.splunk.com

Es existieren für fast jeden Hersteller von IT-Anwendungen oder IT-Systemen vorgefertigte Apps oder Add-ons, die auf einem Splunk-Server installiert werden können. Im Folgenden werden alle großen Hersteller von IT-Anwendungen und IT-Systemen aufgelistet, für die es bereits Splunk-Apps oder Splunk Add-ons gibt:

IT-Anwendungen
- Microsoft
- IBM
- Java
- Oracle
- Citrix
- VMware
- Trend Micro

IT-Systeme
- IBM
- Cisco
- Fortinet
- Palo Alto Networks
- Juniper
- Sophos
- McAfee

Apps sind Sammlungen von Konfigurationen, Ansichten und Dashboards, die auf bestimmte Bedürfnisse angepasst sind. Viele Apps können kostenlos von der Splunk-Webseite heruntergeladen und installiert werden. Falls eine neue IT-Anwendung oder ein neues IT-System auf den Markt kommt, kann es etwas Zeit in Anspruch nehmen, bis für dieses System die passende App zur Verfügung steht. Die Erstellung von Apps und Add-ons kann jedes Unternehmen für seine eigenen Zwecke durchführen. Die Entwicklung von Apps oder Add-ons ist nicht Thema dieser Ausarbeitung.

Splunk-Apps haben folgende Merkmale:
- können über die WebGUI genutzt werden
- stellen vordefinierte Suchen und Reports bereit
- bilden Schnittstellen zu anderen Lösungen
- Front- und Backend jeder App können angepasst werden
- werden anhand von Use Cases aufgebaut
- unterstützen mehrere Benutzer und Rollen

- können den Benutzeranforderungen angepasst werden
- können aus HTML, CSS oder JavaScript bestehen

Add-ons sind wie Apps aufgebaut, beinhalten aber keine WebGUI. Deshalb können Add-ons auch nicht über die WebGUI von Splunk geöffnet werden.

Merkmale für Add-ons sind:
- bestehen aus Skripten, Datenquellen sowie angepassten Reports und Ansichten
- bestehen aus Ansichten, die das „Look and Feel" von Splunk anpassen
- kann in mehreren Apps verwendet werden

6.7 Zugriffsrollen in Splunk

Anhand der ermittelten Daten aus dem Kapitel „IT-Strukturanalyse" soll ein Zugriffskonzept für die Informationen erstellt werden, die in Splunk importiert und verwaltet werden. In diesem Zugriffskonzept werden die hierfür benötigten Zugriffsrollen besprochen und erläutert. Mit Hilfe dieser Rollen werden die Zugriffe auf die indizierten Informationen beschränkt. Die genannten Rollen müssen auf dem Splunk-Server zusätzlich eingerichtet werden.

Auch die Splunk-Serverkonfiguration sollte in regelmäßigen Abständen, ebenso wie die Schutzbedarfsfeststellung, überprüft und angepasst werden. Hierfür bietet sich, wie in Kapitel 3 beschrieben, das PDCA-Modell an.

In diesem Abschnitt werden die Rollen für den Zugriff auf die Loginformationen der IT-Anwendungen und IT-Systeme besprochen und eine Aufstellung dieser durchgeführt. In Tabelle 6 sind die Zugriffsrollen für die Informationen aufgelistet, die auf einem Splunk-Server eingerichtet werden sollten.

IT-System	IT-Anwendung	Splunk-Rolle IT-Anwendung	Splunk-Rolle IT-System
Firewall-Innen	IDS/IPS, Antivirensoftware, Packetfilter, Application Control	-	Firewall-Admin
Firewall-Außen	IDS/IPS, Antivirensoftware, Packetfilter, Application Control	-	Firewall-Admin
DMZ-Switch-1	-	-	Netzwerk-Admin
Switch-1	-	-	Netzwerk-Admin
Switch-2	-	-	Netzwerk-

			Admin
Switch-3	-	-	Netzwerk-Admin
Core-Switch-1	-	-	Netzwerk-Admin
Mailgateway-1	Antivirensoftware, Anti-Spam	-	Security-Admin
Datenbankserver-1	Datenbank-Management-System (DBMS), Antivirensoftware	Datenbank-Admin	Windows-Admin
Datenbankserver-2	Datenbank-Management-System (DBMS), Antivirensoftware	Datenbank-Admin	Linux-Admin
Printserver-1	Antivirensoftware	-	Windows-Admin
Anwendungsserver-1	Microsoft Windows Server Update Services (WSUS), Antivirensoftware	Security-Admin	Windows-Admin
Anwendungsserver-2	Antiviren-Management-Server, Nessus-Server, Antivirensoftware	Security-Admin	Windows-Admin
Backup-Server	Datensicherungsanwendung	Backup-Admin	Linux-Admin
Telekomunikations-Server-1	TK-Anwendung, Antivirensoftware	TK-Admin	Linux-Admin
Fileserver-1	Antivirensoftware	Windows-Admin	Windows-Admin
Webserver-1	Apache	Webserver-Admin	Linux-Admin
Webserver-DMZ-1	Apache	Webserver-Admin	Linux-Admin
Domain-Controller-1	Microsoft Active Directory, Microsoft DNS, Microsoft DHCP, Antivirensoftware	Windows-Admin	Windows-Admin
Mailserver-1	Mailserver, Antivirensoftware	Mailserver-Admin	Windows-Admin

Tabelle 6: Rollen für IT-Anwendung und IT-System in Splunk

7 Vulnerability Management und Patch Management

In Unternehmen wird eine große Anzahl von IT-Anwendungen und IT-Systemen eingesetzt. Einen Überblick über den Versionsstand dieser Systeme zu behalten ist schwierig. Durch die Kenntnis, welche Systeme mit welchen Versionen eingesetzt werden, kann ein Unternehmen bei einer

Sicherheitswarnung für einen bestimmten Versionsstand schnelle Gegenmaßnahmen einleiten. Das Unternehmen muss nicht erst herausfinden, ob die eingesetzte IT-Infrastruktur betroffen ist oder nicht. Die Überprüfung der IT-Infrastruktur kann über sogenannte Vulnerability-Management-Programme durchgeführt werden. Vulnerability-Anwendungen basieren auf einem Scan-Programm und einer Datenbank, in der alle bekannten Sicherheitslücken bestimmter Systeme dokumentiert sind. Mit dem Scan-Programm ist der Administrator in der Lage, alle IT-Anwendungen oder IT-Systeme nach Sicherheitslücken zu überprüfen.

Jeden Tag werden neue Sicherheitslücken in IT-Anwendungen oder IT-Systemen entdeckt und durch Hacker ausgenutzt. Das BSI (Cert-Bund) liefert eine Übersicht über die IT-Anwendungen oder IT-Systeme und deren Versionsstand, die durch Sicherheitslücken betroffen sind. Daher sollte ein regelmäßiger Scan der IT-Infrastruktur und die Auswertung der eingesetzten Versionsstände mit den Meldungen des BSI abgeglichen werden, um festzustellen, ob Handlungsbedarf besteht oder nicht.

Die IT-Anwendung Nessus von Tenable Network Security bietet einen Vulnerability-Scanner an, der auch in die Splunk-Umgebung integriert werden kann. Nessus ist ein Netzwerk- und Vulnerability-Scanner, der für fast jedes Betriebssystem eingesetzt werden kann. Folgende Betriebssysteme werden in der Nessus Version 6.5.5 unterstützt:

- Microsoft Windows
  - o Windows Server 2008 – 2012 R2
  - o Windows 7 (x86/x64) – Windows 8 (x86/x64)
- Unix
  - o Debian 6 und 7 (x86/x64)
  - o Fedora 20 und 21 (x86/x64)
  - o FreeBSD 10 (x86/x64)
  - o Red Hat 5 – 7 (x86/x64)
  - o SUSE 10 – 11 (x86/x64)
  - o Ubuntu 10.04 – 14.04 (x86/x64)
- Mac OS X
  - o OS X 10.8 – 10.11 (x86/x64)

Tabelle 7 stellt eine Übersicht über einige wichtige Funktionalitäten von Nessus dar.

Funktion	Beschreibung
Vulnerability Scanning	Einschätzung von Netzwerk- und Anwendungsschwachstellen
Configuration Auditing	Überprüfung der IT-Infrastruktur auf die Einhaltung von IT-Policies und IT-Standards
Compliance Checks	Durchführung eines Audit der Systemkonfigurationen
Malware Detection	Überprüfung auf Malware und unerwünschte Anwendungen
Web Application Scanning	Überprüfung von Webservern auf Schwachstellen und Überprüfung nach Open-Web-Application-Security-Project (OWASP) Schwachstellen
Sensitive Data Searches	Identifizierung von privaten Informationen auf IT-Systemen oder in Dokumenten
Cloud Support	Einschätzen von Konfigurationsschwachstellen in Amazon Web Services, Microsoft Azure und Rackspace Cloud Services

Tabelle 7: Nessus-Funktionen

Damit die Sicherheit der IT-Infrastruktur erhöht wird, sollte ein regelmäßiger Scan der IT-Systeme durchgeführt werden, und bei Bedarf sollten die benötigten Updates eingespielt werden. Das Scannen eines Windows-Systems mit Nessus liefert Informationen über das Betriebssystem, die installierten IT-Anwendungen und über den Stand der fehlenden Patches (siehe nächste Abbildung).

Abbildung 34: Schwachstellen-Scan mit Nessus[46]

Die Detailanalyse wird über einen Klick auf den Report ersichtlich. In dieser Analyse werden alle fehlenden Sicherheitsupdates angezeigt (siehe nächste Abbildung).

---

[46] Quelle: Nessus

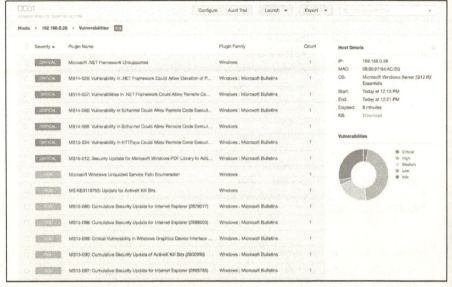

Abbildung 35: Analyseergebnis benötigter Windows Patches mit Nessus[47]

Damit alle Windows-Systeme einen aktuellen Versionsstand aufweisen, kann die Anwendung „Windows Server Update Services" (kurz WSUS) von Microsoft genutzt werden. Diese Anwendung dokumentiert die installierten und nicht installierten Windows-Updates der verwalteten Systeme. Der WSUS-Server lädt die benötigten Windows-Updates vom Microsoft-Webserver und stellt diese den Clients zur Verfügung. Eine Auswertung des WSUS-Server mittels Splunk ist möglich, praktikabler aber ist die Auswertung vom Nessus-Server. Der Nessus-Server bietet eine größere Analysemöglichkeit verschiedener IT-Systeme als der WSUS-Server. Um die Komplexität der eingebundenen Clients in der Sicherheitsanalyse so gering wie möglich zu halten, ist es ratsam, so wenige Systeme wie möglich einzusetzen.

Weitere Sicherheitsrichtlinien für Microsoft-Windows-Systeme können mit dem Tool Security Compliance Manager (kurz SCM) von Microsoft durchgeführt werden. Der SCM ist eine zentrale Management-Konsole für Sicherheitseinstellungen mit vielen konfigurierten Templates für unterschiedliche Einsatzzwecke und Rollen. Diese Templates können beliebig angepasst und erweitert werden. Mit dieser Anwendung können Sicherheitsrichtlinien einmal erstellt und auf alle betroffenen Systeme ausgerollt werden. Der Vorteil dieses Vorgehens ist, dass jedes IT-System dieselben Sicherheitsrichtlinien bekommt und kein System vergessen wird.

Die Absicherung der Windows-Systeme erfolgt über die Gruppenrichtlinieninfrastruktur des Active Directory. Im Active Directory werden diese Richtlinien erstellt und den IT-Systemen direkt oder

---

[47] Quelle Nessus

per Gruppenzuweisung zugeordnet. Eine Absicherung von Maschinen, die nicht an das Active Directory angebunden sind, ist mit lokalen Richtlinien möglich.

8 Use Cases

Für die Überwachung der IT-Anwendungen und IT-Systeme werden in diesem Kapitel Use Cases erstellt und erläutert. Ein Use Case soll ein bestimmtes Szenario dokumentieren, welches überwacht oder kontrolliert werden soll. Bei der Erstellung dieser Anwendungsfälle wird auf die Vertraulichkeit, Integrität und die Verfügbarkeit der Daten Rücksicht genommen.

Falls ein Angreifer ein IT-System übernommen hat, werden in den meisten Fällen als Erstes alle Anwendungen deaktiviert, die einen erfolgreichen Angriff abwehren könnten. Das könnte z. B. eine Antivirensoftware, eine Firewall und sogar der Splunk-Server oder Splunk Forwarder selbst sein. Um diesen Angriffspunkt auszuschließen, sollten alle relevanten Dienste daraufhin überwacht werden, ob sie einwandfrei funktionieren. Mit diesem Vorgehen kann eine bessere Integrität und Verfügbarkeit der einzelnen Systeme gewährleistet werden.

Die nächste Abbildung verdeutlicht das Vorgehen nach dem PDCA-Modell bei der Erstellung eines Use Case. Anhand des Bedrohungsbaums werden die relevanten Daten ermittelt und in das SIEM-System aufgenommen.

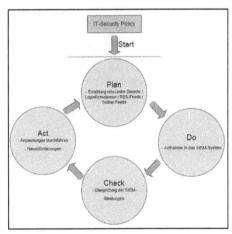

Abbildung 36: Use Cases und das PDCA-Modell

Nachdem die Daten im SIEM-System eingerichtet sind, werden alle Informationen überwacht. Die Überwachung von Twitter-Meldungen, der Webseite des Herstellers oder der CERT-Stellen bietet den Vorteil, dass neue Sicherheitslücken, die zu einem unautorisierten Zugriff führen oder die

Verfügbarkeit eines Systems beeinflussen könnten, schnell erkannt und beseitigt werden können. Hierdurch wird eine höhere Verfügbarkeit, Vertraulichkeit und Integrität der Daten gewährleistet. Da an dieser Stelle nicht alle Anwendungsszenarien durchgespielt werden können, werden nur Anwendungsfälle von Grundfunktionen erläutert.

Am Anfang eines Use Case wird eine exemplarische Darstellung eines Bedrohungsbaums aufgezeigt. Anhand dieser Bäume werden die benötigten Schritte für den Schutz dieser Systeme abgeleitet. Da in vielen Szenarien ähnliche Angriffe und Bedrohungen auftreten können, werden in diesem Kapitel allgemeine Angriffsziele behandelt und nicht für jeden Anwendungsfall ein Bedrohungsbaum erstellt.

8.1 Use Case – IT-Anwendungen

Dieses Kapitel befasst sich mit den IT-Anwendungen aus der IT-Strukturanalyse und stellt einige Use Cases vor, die für eine Überwachung und Kontrolle eingesetzt werden können.

8.1.1 Mailserver

In der heutigen Zeit sind E-Mails nicht mehr wegzudenken, und genau deshalb sind E-Mail-Postfächer ein beliebtes Ziel von Hackern. Im Netztopologieplan sind zwei Systeme aufgebaut, die sich gegenseitig ergänzen. Auf beiden IT-Systemen sind Antivirenanwendungen installiert. Jedes dieser beiden Systeme hat einen unterschiedlichen Hersteller der Antivirenanwendungen implementiert. Der Vorteil des Einsatzes von zwei verschiedenen Antivirenherstellern ist, dass eventuell einer der Hersteller die Virensignaturen zum Erkennen von neuen Computerviren schneller bereitstellt als der andere.

Viele Unternehmen filtern Spam-Mails auf dem Mailgateway; dies ist in dem Netztopologieplan so abgebildet. Deshalb sei hier zusätzlich auf den Abschnitt 8.2.3 E-Mail-Gateways verwiesen (siehe Abbildung 40).

Auf dem Mailserver sollten folgende Punkte überwacht werden:

1. Alle relevanten Dienste für eine ordnungsgemäße Funktionsweise der Anwendung.
2. Loginformationen nach Meldungen wie z. B. Error, Fehler, warning, Warnung, denied usw.
3. Virensignaturen auf Aktualität in regelmäßigen Abständen (<60 Minuten), damit neue Computerviren gefunden werden.
4. Webseite des Herstellers auf Informationen zu Softwareupdates oder Patches per RSS-Feed.
5. Twitter-Meldungen des Herstellers.
6. RSS-Feeds der CERT-Stellen, ob Meldungen zu dem eingesetzten System vorliegen.

8.1.2 Antivirensoftware

Alle IT-Systeme, auf denen eine Antivirensoftware installiert ist, müssen überwacht werden. Eine direkte Überwachung dieser Clients ist nicht besonders praktikabel, da auf jedem ein Splunk Forwarder eingerichtet werden müsste. Die meisten Hersteller einer Antivirenlösung bieten einen sogenannten „Antiviren-Management-Server" an. Dieser Server verwaltet sämtliche Clients und protokolliert alle Informationen; eine Überwachung dieses Servers ist ausreichend.

Abbildung 37 verdeutlicht exemplarisch, wie Schadsoftware vorbei am Antivirenprogramm ins Unternehmensnetzwerk eingeschleust werden kann.

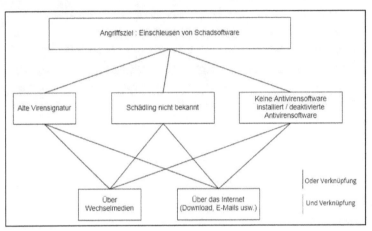

Abbildung 37: Exemplarische Darstellung Bedrohungsbaum Antivirensoftware

Durch diesen Bedrohungsbaum ergeben sich folgende Punkte, die überwacht werden sollten:

1. Alle relevanten Dienste für eine ordnungsgemäße Funktionsweise der Anwendung.
2. Loginformationen nach Meldungen wie z. B. Error, Fehler, warning, Warnung, denied usw.
3. Virensignaturen auf Aktualität in regelmäßigen Abständen (<60 Minuten).
4. Scan des Netzwerkes auf Clients, die keinen Virenscanner installiert haben.
5. Durchführen von periodischen Scans nach Computerviren und Überwachung der Loginformationen.
6. Webseite des Herstellers auf Informationen zu Softwareupdates oder Patches per RSS-Feed.
7. Twitter-Meldungen des Herstellers.
8. RSS-Feeds der CERT-Stellen, ob Meldungen zu dem eingesetzten System vorliegen.

8.1.3 Microsoft WSUS

Der WSUS-Server stellt den verwalteten Clients Windows-Updates zur Verfügung. Diese Clients können sich die Updates direkt vom WSUS-Server herunterladen. Microsoft bietet jeden zweiten Dienstag im Monat neue Updates für die betreffenden IT-Systeme und IT-Anwendungen an. Bei gravierenden Sicherheitslücken kann es vorkommen, dass Microsoft außerhalb dieser Tage Updates bereitstellt. Der WSUS-Server sollte in regelmäßigen Abständen nach verfügbaren Microsoft-Updates suchen und diese allen verwalteten Clients zur Verfügung stellen.

Folgende Punkte sollten überwacht werden:

1. Alle relevanten Dienste für eine ordnungsgemäße Funktionsweise der Anwendung.
2. Loginformationen nach Meldungen wie z. B. Error, Fehler, warning, Warnung, denied usw.
3. RSS Feeds „Microsoft Security Notification Service"
   (https://www.microsoft.com/technet/security/bulletin/RssFeed.aspx?snscomprehensive) nach neuen Update-Benachrichtigungen. Falls neue Updates vorhanden sind, muss die letzte Aktualisierung des WSUS-Server geprüft werden. Diese darf nicht länger als zwei Tage zurückliegen.
4. Twitter-Meldungen des Herstellers.
5. RSS-Feeds der CERT-Stellen, ob Meldungen zu dem eingesetzten System vorliegen.

8.1.4 Nessus

Der Nessus-Server sollte alle IT-Systeme in regelmäßigen Abständen auf benötigte Updates und Patches überprüfen. Wenn das nicht geschieht, können keine Berichte über den Status der IT-Infrastruktur erstellt werden.

Folgende Punkte sollten überwacht werden:

1. Alle relevanten Dienste für eine ordnungsgemäße Funktionsweise der Anwendung.
2. Loginformationen nach Meldungen wie z. B. Error, Fehler, warning, Warnung, denied usw.
3. Durchführen von regelmäßigen Vulnerability Scans und überwachung ob diese Jobs gelaufen sind. Folgende Jobs sollten eingerichtet werden:
   a. Patch-Stand prüfen
   b. Malware Scan
   c. Port-Scan durchführen
4. Gesammelte Loginformationen.
5. Webseite des Herstellers auf Informationen zu Softwareupdates oder Patches per RSS-Feed.
6. Twitter-Meldungen des Herstellers.
7. RSS-Feeds der CERT-Stellen, ob Meldungen zu dem eingesetzten System vorliegen.

8.1.5 Datensicherung

Alle wichtigen IT-Systeme in einem Unternehmen sollten über eine Datensicherungssoftware täglich gesichert werden. Die Datensicherungen müssen täglich überprüft werden. Falls eine Datensicherung nicht erfolgreich war, muss die Ursache für diesen Fehler gefunden und beseitigt werden. Falls möglich, sollte eine neue Datensicherung gestartet werden. Wenn keine zentrale Sicherung der IT-Systeme durchgeführt wird, müssen diese Systeme einzeln überwacht werden. Diese Überwachung muss in einem solchen Fall in den Use Cases berücksichtigt werden.

Folgende Punkte sollten überwacht werden:
1. Alle relevanten Dienste für eine ordnungsgemäße Funktionsweise der Anwendung.
2. Loginformationen nach Meldungen wie z. B. Error, Fehler, warning, Warnung, denied usw.
3. Tägliche, wöchentliche und jährliche Sicherungen.
4. Datenrücksicherungen: Werden diese von autorisierten Personen durchgeführt?
5. Webseite des Herstellers auf Informationen zu Softwareupdates oder Patches per RSS-Feed.
6. Twitter-Meldungen des Herstellers.
7. RSS-Feeds der CERT-Stellen, ob Meldungen zu dem eingesetzten System vorliegen.

8.1.6 Splunk Forwarder und Server

Angreifer werden im ersten Schritt versuchen, alle IT-Anwendungen zu deaktivieren, die einen erfolgreichen Angriff abwehren oder Alarmierungen über einen Angriff an die verantwortlichen Personen versenden können. Deshalb müssen die Splunk-Komponenten mitüberwacht werden. Des Weiteren sollte das tägliche Informationsvolumen gemessen und geprüft werden. Hierbei geht es um die Anzahl der Meldungen, die pro Tag oder Stunde erzeugt werden. Wenn ein Angriff auf ein System stattfindet, werden diese Meldungen das Stunden- und das Tageslimit übersteigen. Falls eine Anomalie festgestellt wird, sollten die verantwortlichen Personen benachrichtigt werden.

Folgende Punkte sollten überwacht werden:
1. Alle relevanten Dienste für eine ordnungsgemäße Funktionsweise der Anwendung überwachen.
2. Loginformationen nach Meldungen wie z. B. Error, Fehler, warning, Warnung, denied usw.
3. Splunk Forwarder auf die letzte Datenlieferung. Die Lieferung der Loginformationen darf nicht länger als ein Tag zurückliegen.
4. Überschreiten der normalen Anzahl von Meldungen pro Sekunde.
5. Webseite des Herstellers auf Informationen zu Softwareupdates oder Patches per RSS-Feed.
6. Twitter-Meldungen des Herstellers.

7. RSS-Feeds der CERT-Stellen, ob Meldungen zu dem eingesetzten System vorliegen.

8.2 Use Case – IT-Systeme

In diesem Abschnitt werden die IT-Systeme aus der IT-Strukturanalyse behandelt.

8.2.1 Firewall-Systeme

Im Folgenden werden Bedrohungsbäume dargestellt, mit denen die zu überwachenden Komponenten erläutert werden. Des Weiteren sollte die Netzwerklast überwacht werden, damit keine Engpässe entstehen und die Verfügbarkeit des Systems gewährleistet ist. Firewall-Systeme kontrollieren durch integrierte Mechanismen den Netzwerkdatenstrom. Hierfür können z. B. IDS/IPS, Paketfilter, Antivirenscanner usw. eingesetzt werden. Des Weiteren können Firewall-Systeme Netzwerkangriffe erkennen und protokollieren. Auf Grund dessen sollten die Loginformationen dieser Systeme zusätzlich überwacht werden.

Es kann vorkommen, dass ein Hersteller seine eigene Log-Syntax für diese Meldungen nutzt. In diesem Fall muss der Administrator die Event-Typen (siehe Kapitel 6) manuell in Splunk einpflegen. Falls eine Splunk-App für diesen Hersteller vorhanden ist, kann diese auf dem Splunk-Server installiert werden.

Folgender Bedrohungsbaum soll die Möglichkeiten für einen Zugriff in das interne Computernetzwerk des Unternehmens darstellen.

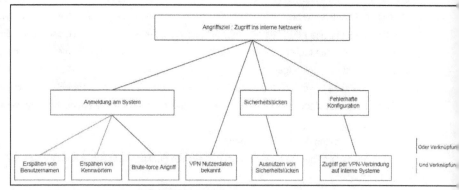

Abbildung 38: Exemplarische Darstellung Bedrohungsbaum 1 Firewall

Der Punkt „Zugriff per VPN-Verbindung auf interne Systeme" (Virtual Private Network) bezieht sich auf VPN-Verbindungen, die durch Partner genutzt werden. Hier kann beispielsweise fälschlicherweise der Zugriff auf interne Systeme eingerichtet werden, obwohl das nicht gewünscht ist.

Im zweiten Bedrohungsbaum wird die Beeinträchtigung der Verfügbarkeit modelliert.

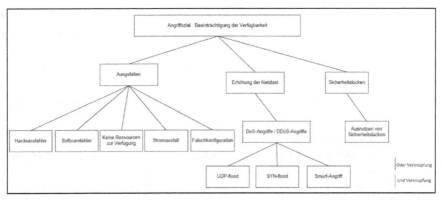

Abbildung 39: Exemplarische Darstellung Bedrohungsbaum 2 Firewall

Durch diese Bedrohungsbäume ergeben sich folgende Punkte, die überwacht werden sollten:

1. Alle relevanten Dienste für eine ordnungsgemäße Funktionsweise des Systems.
2. Loginformationen nach Meldungen wie z. B. Error, Fehler, warning, Warnung, denied usw.
3. Logvolumen: Steigt das Logvolumen im Vergleich zu einem früheren Zeitpunkt (vor einer Stunde/einem Tag)?
4. Netzwerklast: Bei einer hohen, sehr lange andauernden Last könnte ein DoS/DDoS-Angriff stattfinden.
5. Alle Anbindungen (z. B. VPN-Verbindungen) auf Verfügbarkeit.
6. Webseite des Herstellers auf Informationen zu Softwareupdates oder Patches per RSS-Feed.
7. Twitter-Meldungen des Herstellers.
8. RSS-Feeds der CERT-Stellen, ob Meldungen zu dem eingesetzten System vorliegen.

8.2.2 Switches

„Ein Switch verbindet verschiedene Netzsegmente auf dem Data Link Layer. Switches filtern den Datenverkehr nach MAC-Adressen, indem sie eine Tabelle, den so genannten ARP Cache, verwalten, die eine Zuordnung von IP-Adresse und MAC-Adresse jedes Rechners enthält, der an das geswitchte Netz angeschlossen ist."[48]

---

[48] Vgl. Eckert, IT-Sicherheit Konzepte – Verfahren – Protokolle 2014, S. 98

Folgende Punkte sollten überwacht werden:

1. Alle relevanten Dienste für eine ordnungsgemäße Funktionsweise des Systems.
2. Loginformationen nach Meldungen wie z. B. Error, Fehler, warning, Warnung, denied usw.
3. Netzwerklast: Die Auslastung der Ports sollte über einen längeren Zeitraum nicht höher als 40 % betragen.
4. Logvolumen: Steigt das Logvolumen im Vergleich zu einem früheren Zeitpunkt (einer Stunde/ein Tag)?
5. Webseite des Herstellers auf Informationen zu Softwareupdates oder Patches per RSS-Feed.
6. Twitter-Meldungen des Herstellers.
7. RSS-Feeds der CERT-Stellen, ob Meldungen zu dem eingesetzten System vorliegen.

8.2.3 E-Mail-Gateways

"Neben Viren, Würmern und Trojanern, die erheblichen finanziellen Schaden in heutigen Systemen bewirken können, zählt die zunehmende Flut der Spam-Mails zu einem großen Übel, das Unternehmen erhebliche Ressourcen kostet, um ihrer Herr zu werden."[49]

„Der Versand von unerwünschten E-Mails erfolgt in den meisten Fällen über komprimierte Server oder über infizierte Client-Systeme."[50] In den meisten Spam-Mails sind Dateianhänge enthalten, die mit Schadprogrammen infiziert sind. Das Ziel der Angreifer ist es, das System des Empfängers mit diesen Programmen zu infizieren.

Falls eine E-Mail mit einer neuen Schadsoftware nicht als Spam erkannt wird, könnte z. B. auf dem Mailgateway eingestellt werden, dass E-Mails mit Dateianhängen verzögert zugestellt werden. Hierdurch kann das Unternehmen auf neue Virensignaturen des Herstellers warten.

Abbildung 40 zeigt eine exemplarische Darstellung eines Bedrohungsbaums dar, in dem Hacker versuchen, Schadsoftware per Spam-Mails in das Unternehmensnetzwerk einzuschleusen.

---

[49] Eckert, 2013, IT-Sicherheit Konzepte – Verfahren – Protokolle, S. 80
[50] BSI 2015, Die Lage der IT-Sicherheit in Deutschland 2015, S. 28

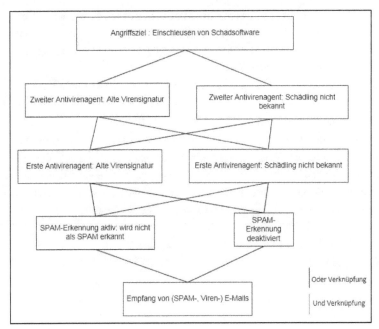

Abbildung 40: Exemplarische Darstellung Bedrohungsbaum Spam-Mails

Durch diesen Bedrohungsbaum ergeben sich folgende Punkte, die überwacht werden sollten:

1. Alle relevanten Dienste für eine ordnungsgemäße Funktionsweise des Systems.
2. Loginformationen nach Meldungen wie z. B. Error, Fehler, warning, Warnung, denied usw.
1. Virensignaturen auf Aktualität in regelmäßigen Abständen (<60 Minuten).
2. Spam-Signaturen auf Aktualität, alle 60 Minuten.
3. Auffallend viele E-Mails:
   a. viele E-Mails mit demselben Betreff / Dateianhang / Absender
   b. erhöhtes E-Mail-Aufkommen in den letzten 30 Minuten
4. Webseite des Herstellers auf Informationen zu Softwareupdates oder Patches per RSS-Feed.
5. Twitter-Meldungen des Herstellers.
6. RSS-Feeds der CERT-Stellen, ob Meldungen zu dem eingesetzten System vorliegen.

8.2.4 Active Directory

Das Active Directory (kurz AD) wurde von Microsoft entwickelt und ist Teil einer Windows-Server-Infrastruktur. Dieser Verzeichnisdienst bietet mehrere Dienste an; in diesem Use Case wird nur die Benutzerverwaltung betrachtet. Im AD werden Benutzer in einem zentralen Verzeichnis angelegt

64

und administriert. Hersteller von IT-Anwendungen oder IT-Systemen können dieses Verzeichnis für die Benutzer-Authentifizierung mitverwenden und können dadurch auf bestehende Benutzerkonten per Lightweight Directory Access Protocol (LDAP) zugreifen. Dies hat den Vorteil, dass die Benutzerpflege an einem zentralen Ort durchgeführt wird.

Des Weiteren werden in diesem Verzeichnis Computerkonten und Benutzergruppen verwaltet.

Das Active Directory ist in vielen Unternehmen das Herzstück der IT-Infrastruktur und sollte daher auf Veränderungen überwacht werden, um Manipulationen an Benutzerkonten zu vermeiden.

Der folgende Bedrohungsbaum soll eine exemplarische Darstellung der Möglichkeiten für die Anmeldung am AD aufzeigen. Ein Hacker wäre hiermit in der Lage, Benutzer-, Computer- und Gruppenkonten zu verändern oder neue anzulegen. Es können auch Benutzerinformationen per LDAP ausgelesen werden, womit ein Hacker im ersten Schritt den Benutzernamen herausgefunden hätte und dann nur noch das Kennwort benötigen würde.

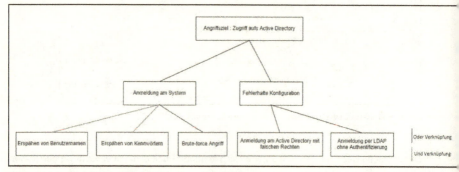

Abbildung 41: Exemplarische Darstellung Bedrohungsbaum Active Directory

Folgende Punkten sollten überwacht werden:

1. Alle relevanten Dienste für eine ordnungsgemäße Funktionsweise des Systems.
2. Loginformationen nach Meldungen wie z. B. Error, Fehler, warning, Warnung, denied usw.
3. AD auf Veränderungen.
4. Potenzielle Brute Force Attacken. Falls ein Kennwort öfter als dreimal falsch eingegeben wird, wird ein Alarm ausgelöst.
5. Vergleich der Fehlanmeldungen in den letzten fünf Tagen. Falls die Fehlanmeldungen höher sind als in der letzten Woche, muss ein Hinweis erscheinen.
6. Webseite des Herstellers auf Informationen zu Softwareupdates oder Patches per RSS-Feed.
7. Twitter-Meldungen des Herstellers.
8. RSS-Feeds der CERT-Stellen, ob Meldungen zu dem eingesetzten System vorliegen.

8.2.5 DNS-Server

„Der Domain Name Service (DNS) ist ein verteilter Namensdienst, der die Aufgabe hat, symbolische Namen (DNS-Namen) auf IP-Adressen abzubilden und –umgekehrt – zu einer IP-Adresse den zugehörigen DNS-Namen zu ermitteln.

Ein DNS-Server verwaltet die Reverse-Zonen und Forward-Zonen Datenbank. Die Reverse-Zonen-Datenbank enthält die Zuordnung zwischen IP-Adressen und Domänennamen, und die Forward-Zonen-Datenbank verwaltet die Zuordnung zwischen Domänennamen und IP-Adressen."
[51]

Jeder Client fragt bei einem DNS-Server nach einer IP-Adresse oder einem DNS-Namen, damit Anfragen in einem Computernetzwerk zum richtigen Ziel geleitet werden können. Das Problem mit den DNS-Datenbanken ist, dass diese nicht miteinander abgeglichen werden. Durch eine Manipulation einer dieser beiden Datenbanken wäre ein Angreifer in der Lage, den Datenstrom an einen anderen Rechner umzuleiten. Dies kann beispielsweise durch das Verändern der IP-Adresse eines DNS-Namens durchgeführt werden. Diesen Angriff nennt man DNS-Spoofing. Des Weiteren kann ein Caching-Problem (DNS-Cache-Poisoning) des DNS-Servers ausgenutzt werden.

Folgender Bedrohungsbaum soll die Möglichkeiten für die Manipulation eines DNS-Servers verdeutlichen.

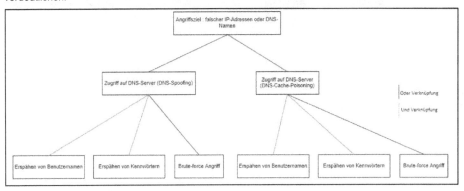

Abbildung 42: DNS-Server Angriffe

Folgende Punkten sollten überwacht werden:

1. Alle relevanten Dienste für eine ordnungsgemäße Funktionsweise des Systems.
2. Loginformationen nach Meldungen wie z. B. Error, Fehler, warning, Warnung, denied usw.
3. Regelmäßiges Überprüfen der DNS - Serverprotokolle.
4. Überprüfung der Replikation zwischen internen DNS-Servern.

---

[51] Vgl. Eckert, IT-Sicherheit Konzepte – Verfahren – Protokolle 2014, S. 131-132

5. Webseite des Herstellers auf Informationen zu Softwareupdates oder Patches per RSS-Feed.

6. Twitter-Meldungen des Herstellers.

7. RSS-Feeds der CERT-Stellen, ob Meldungen zu dem eingesetzten System vorliegen.

8.2.6 Windows- und Linux-Server

Ein Zugriff auf interne Server darf nur von autorisierten Personen durchgeführt werden. Deshalb sollten die Zugriffe auf diese Systeme kontrolliert und überwacht werden. Durch das Ausnutzen von Sicherheitslücken kann ein Angreifer Zugriff auf unternehmensinterne Daten oder Systeme erhalten. Aus diesem Grund sollten alle Server in regelmäßigen Abständen auf Sicherheitslücken überprüft werden.

Folgende Punkten sollten überwacht werden:

1. Alle relevanten Dienste für eine ordnungsgemäße Funktionsweise der Anwendung.

2. Loginformationen nach Meldungen wie z. B. Error, Fehler, warning, Warnung, denied usw.

3. Webseite des Herstellers auf Informationen zu Softwareupdates oder Patches per RSS-Feed.

4. Twitter-Meldungen des Herstellers.

5. RSS-Feeds der CERT-Stellen, ob Meldungen zu dem eingesetzten System vorliegen.

9 Fazit

In der Einleitung wurde das Thema von Angriffen auf die IT-Infrastruktur durch Innen- oder Außentäter kurz verdeutlicht. Viele Angreifer nutzen Sicherheitslücken oder Fehlkonfigurationen in IT-Anwendungen oder IT-Systemen aus, um auf sensible Daten zuzugreifen oder Systeme funktionsunfähig zu machen. Damit diese Angriffe nicht unbemerkt bleiben, sollten eine Überwachung und Kontrolle der IT-Infrastruktur durchgeführt werden. Falls ein Angriff auf die IT-Anwendungen oder IT-Systeme festgestellt wird, müssen Gegenmaßnahmen zum Schutz dieser Systeme ergriffen werden. Mit Hilfe der IT-Strukturanalyse werden alle IT-Anwendungen und IT-Systeme dokumentiert, welche für die Überwachung in Frage kommen. Durch die Menge an Daten, die von diesen Systemen erzeugt werden, ist eine manuelle Analyse der Informationen sehr schwer möglich. Des Weiteren ist eine Korrelation von mehreren Informationsquellen durch eine manuelle Überprüfung sehr zeitintensiv und führt in den meisten Fällen zu inkorrekten Ergebnissen.

In der Schutzbedarfsfeststellung werden den ermittelten Systemen aus der IT-Strukturanalyse die nötigen Schutzklassen zugewiesen. Es werden nur Systeme mit Schutzklasse „hoch" oder „sehr hoch" berücksichtigt. Das Selektieren von IT-Anwendungen und IT-Systemen hat den Vorteil, dass eine Menge von Loginformationen im Vorfeld auf ein Minimum begrenzt werden, bevor diese in das SIEM-System aufgenommen werden.

Durch das regelmäßige Scannen der IT-Infrastruktur mittels Vulnerability-Scannern kann das Sicherheitsniveau in einer IT-Infrastruktur erhöht werden. Das Scannen führt dazu, dass vorhandene Sicherheitslücken entdeckt und protokolliert werden. Nachdem eine Sicherheitslücke entdeckt wird, kann diese anhand der gelieferten Workarounds des Vulnerability-Scanners geschlossen werden, bevor ein Angreifer diese ausnutzt. Des Weiteren protokolliert ein Vulnerability-Scanner die Versionsstände und die benötigten Patches, die auf den Systemen eingespielt werden müssen. Vordefinierte Policies und Konfigurationsvorgaben tragen zu einer höheren Sicherheit in IT-Infrastrukturen bei. Diese Policies und Konfigurationsvorgaben können durch das Vulnerability-Management auf Einhaltung auf den betroffenen Systemen geprüft und protokolliert werden. Zusätzlich können Scans nach Malware und Schwachstellen auf Webservern durchgeführt werden.

Alle gewonnenen Informationen werden für die Dokumentation, Überwachung, Kontrolle und die Korrelation in das SIEM-System aufgenommen. Durch die wachsende Komplexität von IT-Infrastrukturen sind eine manuelle Überwachung und Kontrolle dieser nicht realisierbar. Damit eine IT-Infrastruktur auf ein höheres Sicherheitsniveau angehoben werden kann, müssen Überwachung, Kontrolle und Korrelation von mehreren Informationsquellen automatisch durchgeführt werden. Die automatische Analyse hat den Vorteil, dass Bearbeitungszeit und Auswertungsfehler sinken und mehr Informationen in einer kürzeren Zeit berücksichtigt werden können als durch eine manuelle Bearbeitung. Das SIEM-System überwacht die ermittelten Dienste, Loginformationen, RSS-Feeds und Twitter-Meldungen. Die CERT-Stellen veröffentlichen in regelmäßigen Abständen Sicherheitswarnungen für IT-Anwendungen und IT-Systeme. Es sind immer nur bestimmte Versionsstände von Sicherheitslücken betroffen. Diese Sicherheitsmeldungen werden mittels RSS-Feeds ausgelesen und der Inhalt der Meldungen geprüft. Im nächsten Schritt werden die ermittelten Versionsstände aus dem Vulnerability-Scan oder aus den Informationen auf dem SIEM-System mit den Informationen der CERT-Stellen verglichen, um zu prüfen, ob die IT-Infrastruktur von dieser Sicherheitswarnung betroffen ist. Falls ein Versionsstand durch eine Sicherheitslücke betroffen ist, kann durch das SIEM-System eine Alarmierung ausgelöst werden. Des Weiteren sollten Twitter-Meldungen vom Hersteller oder vergleichbare Meldungen auf Zero-Day-Lücken überwacht werden. Viele Hersteller bieten vor dem eigentlichen Patch einen Workaround für eine bekannt gewordene Sicherheitslücke an und veröffentlichen diesen Patch erst danach. Bevor dieser Patch zur Verfügung gestellt wird, muss als Erstes der Workaround eingespielt werden. Nachdem der Patch erschienen ist, kann dieser zusätzlich auf dem System installiert werden. Durch dieses Vorgehen ist ein Unternehmen schnell in der Lage, auf Bedrohungen zu reagieren und hierdurch die Sicherheit der Infrastruktur zu gewährleisten.

Allein die IT-Strukturanalyse und die darauffolgenden Schritte inklusive des Einsatzes eines SIEM-Systems schützen die IT-Infrastruktur nicht vor allen Angriffen. Eine kontinuierliche Verbesserung auf allen Ebenen nach dem PDCA-Modell kann eine große Hilfe sein und zu einer höheren Sicherheit oder zumindest zur Einhaltung des Sicherheitsniveaus beitragen.

Die vorliegende Ausarbeitung setzt eine bestehende IT-Infrastruktur voraus, die mittels eines SIEM-Systems überwacht und kontrolliert wird. In weiteren Arbeiten kann der Neuaufbau einer IT-Infrastruktur betrachtet werden. In dieser Betrachtung sollte die Frage „Wie kann durch Strukturmaßnahmen die Sicherheit der IT-Infrastruktur erhöht werden?" erläutert werden. Hierbei könnte es z. B. darum gehen, wie ein Angreifer nach einem erfolgreichen Angriff isoliert werden kann. Falls das SIEM-System einen Angriff entdecken sollte, könnte es bestimmte Vorkehrungen treffen und einen Angreifer isolieren.

10 Literaturverzeichnis

Artikelquellen

Maier, Matthias. 2013. „Was SIM und SEM von SIEM unterscheidet." Herausgeber: Computerwoche.

Ausarbeitungen

Arslan, Mansur. 2015. *Datenquellen für die Datenintegration in ein SIEM-System*. Kaarst, 06. 10.

Bücherquellen

Eckert, Prof. Dr. Claudia. 2013. *IT-Sicherheit Konzepte – Verfahren – Protokolle*. 8. München: Oldenbourg Verlag München.

—. 2014. *IT-Sicherheit Konzepte – Verfahren – Protokolle*. 9. München: Oldenbourg Verlag München.

Hansen, Hans Robert, und Gustaf Neumann. 2009. *Wirtschaftsinformatik 1 Grundlagen und Anwendungen*. 10. Stuttgart: Lucius & Lucius Verlagsgesellschaft mbH.

Kappes, Martin. 2013. *Netzwerk- und Datensicherheit*. 2. Wiesbaden: Springer Vieweg.

Kersten, Heinrich, Jürgen Reuter, und Klaus-Werner Schröder. 2013. *IT-Sicherheitsmanagement nach ISO 27001 und Grundschutz*. 4. Herausgeber: P. Hohl. Ingelheim: Springer Vieweg.

Kersten, Heinrich, und Gerhard Klett. 2015. *Der IT Security Manager*. 4. Prod. Heinrich Kersten und Klaus-Dieter Wolfenstetter. Ingelheim: Springer Vieweg.

Müller, Klaus-Rainer. 2014. *IT-Sicherheit mit System*. 5. Auflage. Springer Vieweg.

Internetquellen

BSI. 2013. *Band B, Kapitel 10: Überwachung*. Bonn, NRW.

BSI. 2008. „BSI-Standard 100-1 Managementsysteme für Informationssicherheit (ISMS)." *Managementsysteme für Informationssicherheit (ISMS)*. Prod. BSI. Bonn, NRW.

BSI. 2008. *BSI-Standard 100-2 IT-Grundschutz-Vorgehensweise*. Bonn, NRW.

BSI. 2015. *Die Lage der IT-Sicherheit in Deutschland 2015*. Bonn, 01. 11.

BSI. 2012. *Leitfaden Informationssicherheit*. Bonn, NRW.

—. 2011. „Studie zur IT-Sicherheit in kleinen und mittleren Unternehmen." Herausgeber: BSI. Bundesamt für Sicherheit in der Informationstechnik. Zugriff am 06. 10 2015. https://www.bsi.bund.de/DE/Publikationen/Studien/KMU/Studie_IT-Sicherheit_KMU.html.

Splunk Inc. 2014. *Splunk Enterprise 6.0.2 Search Manual*. San Francisco, 24. 03.

Splunk Inc. 2015. *Splunk Enterprise 6.2.4 Admin Manual*. San Francisco, 24. 07.

Splunk Inc. 2015. *Splunk Enterprise 6.2.4 Alerting Manual*. San Francisco, 07. 08.

Splunk Inc. 2015. *Splunk Enterprise 6.2.4 Distributed Deployment Manual*. San Francisco, 16. 08.

Splunk Inc. 2015. *Splunk Enterprise 6.2.4 Getting Data In*. San Francisco, 21. 07.